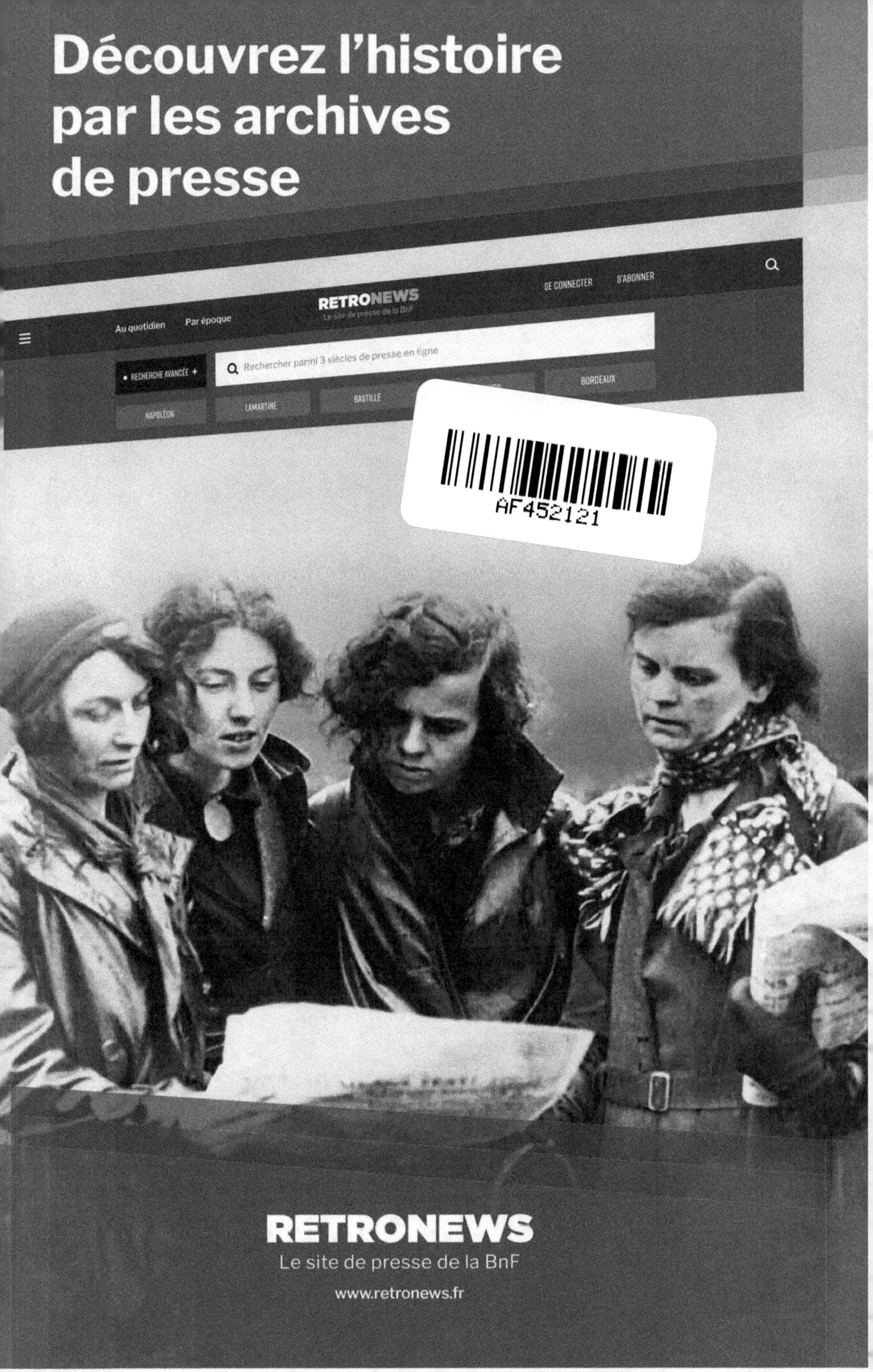

Découvrez l'histoire par les archives de presse

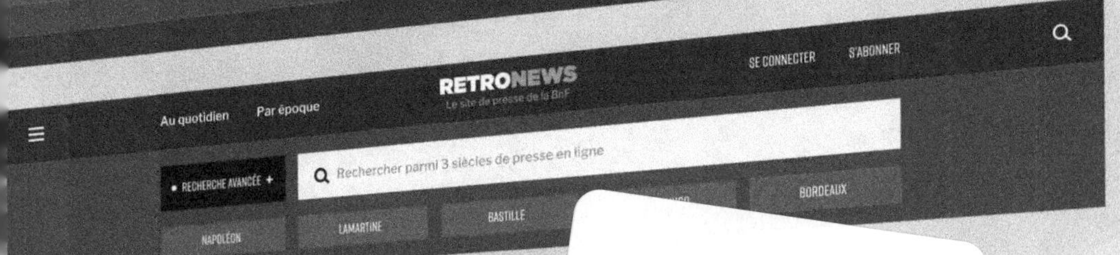

RETRONEWS
Le site de presse de la BnF

www.retronews.fr

LA VOGUE

Revue mensuelle de Littérature

d'Art et d'Actualité

Sommaire du 15 Mars 1901

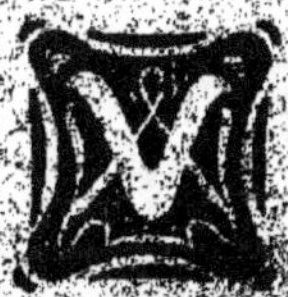

Prix du Numéro

France : 60 C⁰⁰⁰

Étranger : 85 C⁰⁰⁰

LA VOGUE

COMITÉ DE DIRECTION

Tristan KLINGSOR
Directeur

Edward SANSOT-ORLAND, Roger LE BRUN
Secrétaires

Armand FOURREAU, F.-T. MARINETTI
Stuart MERRILL

France { Un an. 6 Fr. / Le Nᵒ. 60 Centimes. | Etranger { Un an. 8 Fr. / Le Nᵒ. 80 Centimes.

Edition sur vélin. -- France : 9 fr. -- Etranger : 11 fr.

Dépôt à Paris : ANOYAUT, 25, rue Cujas

Adresser tout ce qui concerne la Rédaction et l'Administration à M. le Secrétaire de la " VOGUE ", Paris, 16, rue Taitbout (IXᵉ Arrondᵗ).

RÉDACTEURS

Pierre de Bouchaud, Auguste Brunet, Louis Codet, Henry Degron, Charles Dornier, Jean Eriez, René Fleury, Ernest Gaubert, Jacques Lamer, Raymond Marival, Alfred Mortier, Jean Sève, René Wisner.

La Vogue publie des nouvelles, contes, poèmes, fantaisies, donne des chroniques de mœurs et d'actualité, contient des études sur l'art, la littérature, etc,

La Vogue a pour collaborateurs les meilleurs des écrivains connus et nouveaux, et donne des articles sur les sujets les plus curieux et les plus divers.

La Vogue paraît sur soixante-douze pages par numéro et forme dans l'année quatre tomes de plus de deux cents pages chacun.

La Vogue désirant conserver une indépendance absolue, quel que soit le sujet traité, laisse aux auteurs l'entière responsabilité de leurs articles.

Paris, 16, Rue Taitbout (IXᵉ Arrondᵗ)

Le Vendredi matin, de 9 heures 1/2 à 11 heures.

L'image des Ténèbres

Le moment est silencieux. Depuis quelques heures la nuit domine les choses. Il y a, en tout, une impression de fraîcheur, de calme, qui est absolument délicieuse. La plupart des êtres appartiennent au mystère du sommeil. Des souffles errent, lentement. Ils ont des airs de messagers discrets envoyés on ne sait par qui et on ne sait où pour régler des questions d'infini, d'éternité. Quelques lumières paillettent la pauvre toilette ténébreuse de la campagne. Il y en a une là, une là, trois ensemble, six, sept, huit, neuf. Peu enfin. Ce sont des lumières qui éclairent des tendresses, des méditations, des crimes, ou des lumières qui veillent des agonies.

Cléopas est assis sur le penchant d'une colline et les regarde.

Oui, il regarde plutôt les misérables lumières qui restent sur la campagne que les splendides étoiles qui sont sur le ciel. Il tient son front entre ses mains. De temps en temps il soupire. C'est un homme qui a fini le joli temps des illusions et des plaisirs ardents, mais qui n'a pas encore atteint le temps où l'on se met à pleurer parce que l'on sent qu'il est impossible de regoûter la saveur des émotions passées. Des chauves-souris frouent au-dessus de sa tête.

Une voix se met à chanter dans le lointain :

> Avec la rougeur de sa bouche,
> Avec la flamme de ma fiè...èvre
> Nous ferons un soleil couchant...ant...ant...ant !

CLÉOPAS

tiré de sa méditation, et après un ricanement :

Oui, un soleil couchant... un soleil mort... Ah ! ah ! ah !... Pauvre fou !... Va, marche, chante... Je te connais, va, sans te connaître !... Je commençais à être fort étonné de ne pas sentir ta présence dans cette belle nuit... Les belles nuits sont les sanctuaires des amoureux... Toi, qui chantes, tu es l'Amoureux, n'est-ce pas ? tu es l'Amoureux... Chante, chante... C'est ta chanson qui est le plus beau détail de la vie... Chante !... Le monde dort, mais toi tu veilles... Ah ! ah ! ah !... Comme tu ferais bien mieux de dormir aussi... Où vas-tu, imbécile, avec ton cortège d'espérances ?...

1

LA VOIX

en se dissipant :

> *...Nous ferions un soleil couchant*
> *Qui serait plus beau qu'une auro...o...ore !*

CLÉOPAS

se levant :

Il va, il est heureux; il a sur la bouche un goût de paradis... Il va, il est heureux... C'est certainement une voix d'homme... Il va vers l'adorée... C'est une blonde avec des yeux profonds qui rêvent, ou c'est une brune avec des yeux profonds qui fixent... Ce doit être une brune... Il est très rare que les blondes aillent à des rendez-vous dans les nuits fraîches. C'est très délicat, les blondes; leurs chairs ont vite de la souffrance... Enfin, je ne sais pas... C'est une femme... Elle l'attend en quelque endroit de cet horizon noir... Son cœur bat... La chère petite !... Il l'aimera quinze jours, mettons un mois; puis sa chair voudra d'une autre brune ou d'une autre blonde... Son âme aussi...

Un rire lui secoue les entrailles.

Voilà que je m'intéresse à l'action d'un être qui passe dans la nuit et que je ne verrai jamais !... Est-ce que ça me regarde ?... Elle est vraiment bonne, celle-là !... Vraiment bonne !... Je voudrais bien avoir un miroir... Où pourrais-je bien trouver un miroir ?... Si je savais où aller pour trouver un miroir !... Je dois être vert comme un cadavre qui est cadavre depuis une semaine... Je sens que je dois être vert et que je dois faire une grimace horrible... C'est cette chanson... J'étais bien tranquille, je regardais les petites lumières et je pensais à des choses indécises... Le plus fort c'est que j'ai appelé fou et imbécile l'homme qui chante cette chanson d'amour... Je l'ai appelé imbécile et fou... Pourquoi ?... Parce que, tout simplement, je l'envie... Je l'envie... Je voudrais être à sa place, être là-bas, dans la nuit, et chanter à pleine voix, en allant vers la brune aux yeux profonds qui fixent... ou vers la blonde aux yeux profonds qui rêvent... Allons donc !... Allons donc !... C'est stupide... Moi, envier cet homme, ce pauvre quelconque qui chante et qui aime... Du reste rien ne me prouve qu'il soit amoureux... Moi, l'envier ! Ah ! Ah ! Ah !...

Son rire se développe, se développe ; il est peut-être entendu des étoiles qui se mettent à palpiter plus que jamais.

Moi l'envier !... Non, mais... Moi !... Voyons, voyons... Moi, qui ai éprouvé les plus puissantes jouissances de l'amour ! Moi qui sais le goût de toutes les belles lèvres... Oui, de toutes les belles lèvres... Pas de toutes, mais enfin : de tant de tant !... Envieux d'un petit qui chante amoureusement pour le Néant peut-être ! C'est de la folie ! Mon cerveau s'amollit... Il me vient des impressions déconcertantes... Cependant j'ai été un robuste, moi, avec des idées saines... Je n'ai jamais connu cette sorte de trouble-là... C'est du délire... Ça n'a pas de nom... Mon pauvre être qui se détraque... absolument... Hi ! Hi ! Hi !... Je trouve après tout que c'est fort amusant... Je ferais tout de même mieux de descendre dans la ville ; la solitude ne me vaut plus rien ; elle me cause de trop singuliers malaises... Car j'ai beau trouver que c'est amusant, c'est un malaise tout de même... Je suis en sueur ; mon front brûle ; je suis sûr qu'il y a des globules de bouillonnement à la surface de mon cerveau ; mon cœur a des secousses violentes...

Il se rassied et remet son front en ses mains.

Je vais regarder de nouveau les petites lumières tranquilles... Tiens, il y en a moins à présent... Une, deux, trois, quatre, cinq... Plus que cinq seulement... disposées en triangle... Comme les blessures du Christ... Les deux blessures des mains, la blessure du côté, les deux blessures des pieds...

Il ricane.

Ah, la merveilleuse comparaison !... Et les autres lumières, que sont-elles devenues ?... Un souffle les a emportées... A moins qu'elles ne soient parties avec la chanson amoureuse... Bon, la chanson amoureuse qui me revient !

Il se frappe le front comme pour en chasser une hallucination.

Ah ! la chanson amoureuse !... Tiens ! les lumières qui restaient s'en vont !... La nuit les a cueillies... Et les étoiles aussi s'en vont... Oh ! il fait trop noir... Et je suis tout seul !... Je n'ai jamais vu une nuit si noire que cette nuit-là... C'est effrayant !... Mon Dieu ! quelle nuit noire !... J'ai peur !... Je suis tout tremblant... Mes pieds sont gelés... Mon front sue... Et puis, je ne sais pas, j'éprouve une grande difficulté à marcher... On dirait que le poids des jours que j'ai vécus est autour de mes jambes... Ça, c'est vraiment extraordinaire, par exemple!... Mon Dieu!... Mon Dieu!... Sans doute que je vais mourir... Quand le jour viendra ma vie ne sera plus de ce monde... Je serai étendu parmi les cailloux, et les cailloux, qui ne se décomposent pas, me seront supérieurs... Ah! Ah! Ah!... Des mouches dorées viendront bourdonner au-dessus de ma bouche ouverte... Mes narines seront violettes et il en coulera un peu de sanie... Des semaines, des mois s'écouleront, et des gaz putrides s'élèveront de moi vers la grandiosité du Ciel... Comme un encens... Oh! comme il fait noir!... Les ténèbres me regardent... Elles me touchent... Puis ma chair sera mâchée par les dents horribles de l'Inconnu... Et la pluie et le vent se la partageront, la déposeront un peu partout, sur le sourire des fleurs, entre des grains de terre, contre les broussailles où elle pendillera par fragments infimes ainsi que des sputations de catharreux...

Il ricane encore. Son ricanement ressemble à un sanglot.

Ah! oui... Ah! oui... Et ce serait tout!... Voilà... Un éparpillement de pourriture... Des os qui blanchissent au soleil et sur lesquels les oiseaux fientent et aiguisent leurs becs...

Il se dresse, mais une grande lassitude l'abat. Il se couche.

Je vais fermer les yeux : alors le sommeil viendra. Je serais heureux lorsque le sommeil sera venu. Toutes ces impressions s'en iront comme s'en sont allées les petites lumières et les étoiles... Oh! comme il fait noir tout de même! Je n'entends aucun bruit... J'ai l'air d'être tombé sur une planète inhabitée... Et je ne distingue pas la terre, du ciel... Je suis dans un vide... J'ai une sorte de vertige... Ma cervelle se remue... Ah!... Ah!... Ah!... Ah!... Ah!... C'est absurde cette peur là... Après tout qu'est-ce qu'il y a à craindre ici?... Rien... Mais j'ai peur de la vie,.. Parce qu'il me semble qu'en ce moment elle m'est étrangère... Je n'en fais pas partie... Ah! si un soleil pouvait se mettre à se lever!... Comme ce serait bon de respirer dans de la bonne lumière claire!... Mon Dieu. comme je suis malheureux d'être seul!... tout seul... tout seul...

Entre ses paupières closes des larmes se glissent. Puis, lentement, une lourdeur accable son esprit. Ses idées s'embrouillent. Cependant il y a encore une lucidité. Il balbutie :

... Tout seul... Personne là... ni là... Ah!... Aucun autre homme n'est seul... tout seul... Là-bas dans les villes... dans les campagnes... partout'.. ils ont une vie mêlée à leur vie... Ils vont à deux... L'un indique le chemin... et l'autre chante pour que le chemin soit moins long... Ah !... Moi aussi... comme tous, j'ai eu des yeux mêlés à mes yeux, des voix mêlées à ma voix... des âmes mêlées à mon âme... Ah !... Ah !... Elles étaient belles... et nous nous aimions... Oh ! mes chères maîtresses mortes !... Oh !... Le temps est venu, déjà long, sur la solitude de mon cœur et de ma bouche... Oh ! mes chères maîtresses mortes !... Tullia !... Jeannie !... Hermance !... Oh ! Hermance !... Ethelinde !... Bérengère !... Aliène !... Henriette !... Pierrette !... Edmonde !... Vous !... Vous !... vous avez ravi ma chair... Vous avez mis des ailes à mon rêve... Le rêve de Dieu ne pouvait aller plus haut que le mien... Mon âme s'épanouissait largement, largement comme une fleur à l'aurore... Une fleur magnifique... Vous m'aimiez tant !... Quand je pense à l'amour fou que vous aviez pour moi !.. Ce bel amour différent selon vos natures. . Mon corps fut si délicieusement meurtri par vos étreintes... Hélas! vous avez dû vous éloigner... Le souffle du destin vous poussait ailleurs... Où êtes-vous à présent !... Oh ! mes belles maîtresses, mes belles maîtresses parties, vous savourez, peut-être mon souvenir... plus que moi, je ne savoure le vôtre... Car moi, je pense à vous ce soir... parce que j'ai entendu une jolie chanson d'amour... parce qu'il fait noir et que je me sens seul... trop seul... parce que... Albine !... Edmonde !... Hermance !...

Il pousse des cris plaintifs inarticulés. Il se retourne sur son lit de cailloux. Il pleure encore.

Tullia !... Bérengère !...

Ses yeux s'entrouvent sur les ténèbres. Un effroi lui plisse le ventre, le tient crispé.

Oh !... C'est à devenir fou... Non, non, jamais il n'a fait si noir !... Mon Dieu ! que c'est malheureux qu'il fasse si noir et que je sois si seul !... Et comment faire pour que cette nuit finisse !... Elle doit être plus longue que plusieurs vies humaines... Il y a déjà si longtemps qu'elle dure !... Oh !... Oh !... Oh !...

Il cache sa tête en ses mains. Ses pleurs ont cessé. Il soupire longuement.

Henriette !... Jeannie! ... Ethelinde !...

Il répète

Hermance !... Hermance !...

et pousse des gémissements. De nouveau ses idées s'embrouillent. Le sommeil arrive...

150

Ah !.,. a... a... a...

Le sommeil est venu. Cléopas dort à poings fermés.
Sa poitrine se gonfle par instant. Un filet de bave sort du
coin droit de sa bouche. D'abord une immensité d'or
rouge flotte au dessus de son esprit avec des mouvements
de toile agitée par le vent. Puis cette immensité d'or
rouge se crève. Cléopas aperçoit des ondes noires qui
roulent du haut d'un rocher dont la cime lui est cachée
par des nuages verdâtres. De cette onde saillent des doigts
crochus et maigres, aux ongles très longs, odieusement
sales. Ces doigts se tendent vers lui, ont l'air de le mena-
cer. Cléopas baisse les yeux. A droite et à gauche de ce
rocher s'étendent des plaines au dessus desquelles des
vapeurs tremblent. Cléopas ouvre la bouche pour hurler
d'épouvante. Mais il ne hurle pas. Cela lui est impossible.
Il n'en a pas la force. Il essaye pourtant. Aucun cri ne
peut sortir de sa bouche. Il s'arrache des poignées de
cheveux. Puis il se met à sourire. Il joint les mains et
parle aux vapeurs tremblantes.

Vous êtes des êtres, n'est-ce pas?... Vous êtes des
êtres?... Ah! Ah!... Je le vois bien... Dites, causons...
Arrêtez-vous un peu près de moi... Ne vous élevez pas
encore... Pourquoi, tremblez-vous!... Pourquoi y en a-t-
il parmi vous qui sont claires et d'autres qui sont ténébreuses?... Vous me charmez, vous m'effrayez... Entourez-
moi, étreignez-moi; faites-moi des caresses... Je ne veux
plus être seul... Au moins restez avec moi, vous!...
Vous!... Venez, venez... Nous trouverons bien quelque
chose à dire, vous verrez...

LES VAPEURS CLAIRES

Vous n'avez rien à nous dire et nous n'avons rien à
vous dire. Il ne faut pas que nous ayons quelque chose à
nous dire. Les vapeurs marchent avec les hommes.

CLÉOPAS

Je ne suis plus un homme. Je suis une vapeur comme
vous. Où sont mes jambes? Où sont mes bras? Où sont
mes entrailles? Tenez, touchez-moi. Vous conviendrez
que les formes s'en sont allées de moi.

LES VAPEURS CLAIRES

s'approchent. Elles le tâtent. Elles l'enlacent amoureuse-
ment.

Oui, tu es une vapeur comme nous. Nous adorons ton
âme. Ton âme est notre sœur. Tu es une vapeur claire

aussi. Tu as cessé d'être un homme. Tu n'es plus qu'un soupir de l'humanité. Viens avec nous dans les profondeurs de l'Etendue. Lorsque nous serons entourées de vide et que la matière ne pourra plus nous atteindre tu nous constupreras, car nous sommes vierges, tu nous forniqueras mille fois de suite et nous engendrerons d'innombrables petites vapeurs claires qui s'éparpilleront partout, sur les chaos et sur les créations, qui iront se glisser parmi les aspérités de la voie lactée, s'ajouter à la gloire des lumières diffuses qui composent les reflets des météores, les aréoles et les halos...

CLÉOPAS

s'étire afin de mieux jouir de ces étreintes folles.

Ah!... Ah!... Oh! les vapeurs claires, les belles vapeurs claires!... Ah!... Ah!... Ah!... Quel est le dieu qui tient, entre ses mains comme un monde l'éolipyle dont vous sortez?...

LES VAPEURS CLAIRES

éclatent de rire.

Mais ne sortons pas d'un éolipyle, nous!... Nous ne sommes pas des vapeurs de la matière!... Tu es fou!... Nous ne sommes pas les buées rorifères qui font plaisir aux petites plantes du matin et s'amusent à tracer des arcs-en-terre!... Nous ne sortons de rien... nous sortons de tout... Nous ne savons pas très bien ce que nous sommes... Mais cela importe peu... Nous sortons des esprits terrestres et allons conquérir les ténèbres cimmériennes.

CLÉOPAS

défaille d'émotion, tandis que

LES VAPEURS CLAIRES

ajoutent orgueilleusement :

car nous contenons l'essence des lampyres, des cucujes et des lucioles... Nous contenons les reflets de la sueur qui vient aux fronts des poètes, aux nombrils des dieux, au pubis des femmes... Nous sommes les Sacrées et les Immarcescibles...

CLÉOPAS

s'agenouille et joint les mains. Il balbutie :

Vous êtes les Sacrées et les Immarcescibles!...

LES VAPEURS CLAIRES

Nous sommes les Terrestres et les célicoles... Nous naissons Ici et nous demeurons Là-Haut.

CLÉOPAS

O bienheureuses!

LES VAPEURS CLAIRES

en riant encore mais d'un rire amer cette fois.

Ne nous envie pas, Cléopas. Le bonheur n'est pas en nous. S'il nous vient nous le laissons s'échapper. Nous sommes trop fluides.

CLÉOPAS

Où donc est-il? Chez la Matière?

LES VAPEURS CLAIRES

Nulle part. La Matière est trop compacte. Elle l'empêche de pénétrer jusqu'à elles.

CLÉOPAS

Ah!...

Il se sent devenir fou. Des cheveux blancs lui poussent. Les os de son front sous la flamme de ses pensées tombent en poussière. Il se déchire les joues.

Et cependant quand j'étais un homme...

LES VAPEURS CLAIRES

Quoi?

CLÉOPAS

J'étais heureux.

LES VAPEURS CLAIRES

Allons donc! Nous t'avons entendu pleurer bien souvent. Même qu'une fois tes larmes coulèrent en si grande abondance qu'elles formèrent un lac où les amants malheureux venaient chercher la Mort.

CLÉOPAS

Vous mentez. Je n'ai pleuré qu'une fois. C'était à la fête des déesses parce que je me cognai violemment le coude au socle d'une statue auprès de laquelle j'étais en contemplation.

LES VAPEURS CLAIRES

Enfin tu as pleuré, et cela suffit pour que ta vie n'ait pas été heureuse.

CLÉOPAS

Mais tout le monde pleure au moins une fois!

LES VAPEURE CLAIRES

C'est pourquoi personne n'est heureux.

CLÉOPAS

se recueille. Ses idées sont en désordre. Il ne sait plus trop quoi répondre. Il pense que peut-être, les vapeurs claires ont raison. Après tout il se peut qu'une larme ait la puissance d'effacer toute la jouissance d'une vie. Il voudrait sangloter et il ne peut pas. Il souffre atrocement.

Et cependant des heures qui étaient très lumineuses ont sonné tandis que j'étais un homme. Elles étaient si lumineuses que le fond de ma conscience débordait de clarté. En ce moment, encore, le fond de ma conscience resplendit. Du reste je n'ai jamais cessé d'être un homme. Je m'aperçois très bien. Voilà mes mains et voilà mes cuisses. Ah! Ah! Il y a des fois que l'on rêve singulièrement! Il est certain que je rêve. Ces vapeurs claires rient comme de petites folles. Oui, voilà mes mains, voilà mes cuisses, voilà le poil qui m'est poussé cette nuit dans le creux du menton. Je le sens qui me pique parce que je le tire...

Soudain une planche se dresse devant lui. Il relève la tête et la fixe avec un certain ahurissement. Puis cinq autres planches surgissent de terre, se joignent à la première, forment un cercueil. Un vent passe et en fait tinter les poignées d'argent.

LES VAPEURS CLAIRES

quittent Cléopas et vont s'enrouler très gracieusement autour du cercueil. Elles forment des volutes effilées au dessus de lui.

CLÉOPAS

demeure inerte, dans un effarement absolu. Ses cheveux blancs deviennent aussi gros que des brins d'herbe. Son front s'est reformé. Ses tempes palpitent. Il est blême et essaye de rire. Puis il baisse la tête.

LES VAPEURS CLAIRES

se déroulent vers lui, l'étreignent de nouveau, l'attirent à elles.

Viens, viens, bel être! viens!...

CLÉOPAS

trébuche et se cogne au cercueil qui jette un cri sourd auquel tous les échos répondent.

Non, non, pas encore, pas encore!... Oh! pas encore, je vous en supplie... Laissez-moi; je ne suis pas encore arrivé au bout de la route... Non, non... J'ai de l'air à respirer et de la poussière à faire lever sous mes pas... Soyez bonnes!... Les Kères ne m'ont pas appelé encore!...

Ses os craquent d'angoisse. Un flux d'excréments souille ses jambes. Il est courbé en deux. Sa lèvre inférieure se replie jusque sous son menton. Des vers se mettent à grouiller sur une plaie qu'il a au prépuce.

LES VAPEURS CLAIRES

cessent de l'étreindre, et

CLÉOPAS

s'écroule, épuisé. Ses prunelles se dilatent démesurément. On dirait des trous d'ombre. Au fond de chacune d'elles l'image blanche d'un tout petit squelette s'agite.

J'aime mieux rester seul, ne rien voir, jamais... Laissez-moi... Mes pensées ont besoin de faire beaucoup de besogne encore...

il fixe le cercueil. Tout le sang de sa face convulsée s'en va. On aperçoit les os à travers. Sa langue pend comme celle d'un chien qui est essoufflé et qui a soif.

O vapeurs claires, faites que ces planches maudites regagnent l'endroit d'où elles sont venues!...

LES VAPEURS CLAIRES

L'endroit d'où elles sont venues existe partout. Sous tes pieds, a portée de ta main, dans ton crâne, sous tous les pieds, a portée de toutes les mains, sous tous les crânes. La vie humaine est bordée par ces planches-là. Toutes les pensées qui ont germé en l'esprit des hommes depuis la première sève sont fixées sur l'espace par les fibres de ces planches-là...

Le front de

CLÉOPAS

se ride et dans chacune de ses rides profondes comme des abîmes passent et repassent de vastes ombres.

Ecoutez, je crois qu'il vaut bien mieux que vous cessiez de me dire toutes ces choses qui ne signifient rien... Bien sur qu'elles ne signifient rien... rien de rien..,

il a un éclat de rire horrible que les échos répètent pendant des heures et des heures.

LES VAPEURS CLAIRES

le huent

... Tu as peur !... Tu as peur !...

CLÉOPAS

Non, je n'ai pas peur... Je n'ai jamais eu peur... Lorsque je vins au monde un vampire s'approcha de moi et me planta dans les yeux les griffes infiniment longues de ses ailes gluantes... Eh bien, je me suis mis à lui dire des fables gentilles et à lui sourire... Je n'ai jamais eu peur...

Il tremble. Ses dents à force de claquer se brisent, tombent en poudre blanche le long de sa poitrine.

Comme j'aimerais mieux vous entendre dire ce que vous me disiez tout à l'heure !... que je vous forniquerais mille fois de suite et que vous engendreriez un monde considérable de petites vapeurs qui s'éparpillerait sur les chaos et sur les créations !...

Il feint un élan de passion pour masquer son trouble. Il porte ses bras en avant pour étreindre les vapeurs claires, mais il se heurte au cercueil et des échardes le blessent profondément. Il se lamente. Des flots de sang jaillissent de ses bras blessés. Ces flots de sang forment une mare noirâtre autour de lui. Il voit que son image est reflétée par cette mare et il s'incline pour se mirer. Il balbutie ;

Mon visage est pâle et régulier. Je plais aux baisers. Mes sourcils sont bien couchés ; mes cils bien serrés et longs, mes yeux ne sont pas moins beaux que ceux de Zahori le Macrophtalme que les nuits aimaient parce qu'il lui suffisait de les regarder pour les enrichir d'illuminations. J'ai des muscles puissants qui font les meilleures étreintes. Les femmes m'idolâtrent. Les amoureuses recherchent l'harmonie caressante de mes paroles Les jouisseuses me désirent parce qu'il me serait facile de remplacer l'ithyphalle des fêtes de Bacchus...

Pendant qu'il parle, la plaie de son prépuce s'envenime. Elle est couverte de mucosité puante. Il la regarde et a des envies de vomir. Puis il se plonge dans une rêverie profonde Il a idée que des papillons violets volligent autour de sa tête : qu'un pouce énorme écorce son cœur et que les écorchures s'en vont n'importe où, comme des pétales rouges. Il demeure ainsi pendant un temps assez long jusqu'à ce qu'une obscurité intense vienne se placer devant lui et brouiller ses sensations.

Quoi ! je suis atteint de scotodinie ! C'est de la nuit, cela. Cependant j'aperçois des soleils là-bas. Mais, pourtant, c'est la nuit, c'est bien la nuit encore ! C'est donc toujours la nuit maintenant ?

Il fait quelques pas en arrière et se rend compte que cette obscurité constitue le dos d'un fossoyeur qui vient de se placer devant lui.

LES VAPEURS CLAIRES

ricanent. Elles recueillent la poudre blanche qui lui recouvre la poitrine, et l'en fardent.

Ton épouvante sera moins évidente comme cela, petit! Tu nous fais pitié.

LES VAPEURS TÉNÉBREUSES

qui se sont tenues à l'écart jusqu'à présent, s'approchent et font par derrière des révérences railleuses à Cléopas immobile de frayeur.

Le croque-mort se retourne avec une légèreté de cabri. Il se remet en levant ses yeux chassieux vers le ciel, à chanter une chanson à boire, puis il trempe son doigt dans l'humeur du prépuce de Cléopas et, de ce doigt trempé d'humeur trace sur le cercueil un grand point d'interrogation.

Très irritées,

LES VAPEURS TÉNÉBREUSES

l'effaçent aussitôt.

Ta cervelle s'est donc changée en fange infecte, fils de truie! Qui interroges-tu? La Mort ou le Cercueil?

LE FOSSOYEUR

ne répond rien. Il se contente de tirer la langue aux vapeurs ténébreuses et de faire « Hou! Hou! Hou! » pour se moquer d'elles. Tranquillement il se baisse et ramasse une branche sèche afin de racler la sueur de sa face et de se nettoyer les ongles. — C'est un bonhomme d'aspect très paisible. Il est lamentablement maigre et a une verrue énorme sous son nez rouge strié de veines violacées.

LES VAPEURS TÉNÉBREUSES

furieuses, le secouent.

Répondras-tu, remueur de charognes! répondras-tu, dis!...

Elles se tordent de colère et se préparent à étouffer le croque-mort qui rit aux éclats. Une main invisible vient de creuser une fosse tout près d'eux. La mare de sang n'est plus qu'une sorte de vernis crevassé. D'énormes chenilles, des antosaures rouges, des émydes vertes, des crapauds, des ptérodactiles, des chauves-souris, des taupes, sortent d'une brousse voisine, viennent se ranger au bord de la fosse et en regardent le fond avec étonnement.

LE FOSSOYEUR

désignant la fosse :

Tenez, on vient de faire votre lit. Laissez-moi tranquille et couchez-vous.

LES VAPEURS TÉNÉBREUSES

C'est le tien, mouche de fumier ! La fosse est le lit de l'homme. Les os et la pourriture dorment bien dans la terre humide. Notre lit à nous est l'âme même du Macroscome. Nous nous étendons sur les espaces et nous ne goûtons le sommeil qu'au sein des essences. Nous régnons sur l'Eternité. La Terre est un grain de crasse qui ne parvient pas seulement à boucher l'un de nos pores. Nous sommes la Suprématie caligineuse qui dirige la marche des millénaires à travers le Toujours sublime où rutilent des pléiades d'ombres merveilleuses dont tu n'as pas la moindre idée, et qui cependant descendent jusqu'au fond de ta conscience, de toutes les autres consciences viles, et constituent, à votre insu, une grande partie de l'Action des Espèces, grâce à l'ontologie vicieuse des Médioximes.

LE FOSSOYEUR

prend une poignée de terre et la jette sur les reptiles qui sont en très grand nombre maintenant et se penchent de plus en plus sur le bord de la fosse au fond de laquelle quelques-uns d'entre eux sont tombés en poussant des cris effrayants et si aigus qu'on doit les entendre des planètes prochaines.

Voulez-vous bien vite disparaître, poussière d'enfer ! Qu'Astaroth vous noie dans son urine !...

LES VAPEURS TÉNÉBREUSES

Laisse-le donc tranquilles. Ce sont tes frères. Le même pus coule dans vos veines. Les dieux catachthoniens vous ont créés en même temps. Ils vous confondent dans leur conception. Il n'y a pas de distance entre leur esprit et le tien. Cesse de leur jeter de la terre, entends-tu ?...

LE FOSSOYEUR

hausse les épaules et crie en faisant un porte-voix avec ses mains comme si les vapeurs ténébreuses étaient au loin :

Cousez donc vos bouches, lucifuges !...

LES VAPEURS TÉNÉBREUSES

ricanent :

Tu oses nous parler en face, onthophage, fils d'onthophage ! Rien du tout ! Couleur de néant ! Homme ! Laisse-toi tomber dans cette fosse qui ne s'est mise là que pour

2

158

toi. Tu dois être las d'y avoir déposé des milliers de carcasses. A la tienne maintenant !...

Elles le poussent furieusement vers la fosse. Mais la fosse se referme.

Et une voix souterraine monte à eux, c'est la voix d'

ATROPOS

Non, pas celui-là, il a encore à entendre trois mille sept cent neuf fois le bruit sourd d'une pelletée de terre sur un cercueil.

LE FOSSOYEUR

chante :

> *Avec la rougeur de sa bouche,*
> *Avec la flamme de ma fièvre,*
> *Nous ferions un soleil couchant*
> *Qui serait plus beau qu'une aurore*
> *...Qu'une auro...o...o...o...re !...*

et fait des pirouettes en claquant des mains.

CLÉOPAS

sursaute :

Cette voix !... cette chanson !... Ah, c'est toi, c'est toi qui chantais dans la nuit...

LE FOSSOYEUR

Bien sûr que c'est moi... Car il n'y a que moi au monde... Les autres que moi n'existent pas... Personne n'existe que moi... que moi... que moi... Ma besogne est la seule besogne humaine qui compte un peu dans le mouvement des mondes... Je collabore avec la terre au grand œuvre télétique... Oui, c'est moi qui chantais dans la nuit... D'ailleurs je chante toujours dans la nuit... La nuit fait partie de moi-même... La Mort c'est la lygophile sacrée... J'adore l'obscurité, l'obscurité des cimetières au coup de minuit, et l'obscurité du regard des cadavres...

CLÉOPAS

frissonne :

Tu allais vers la brune aux yeux profonds qui fixent, vers la blonde aux yeux profonds qui rêvent ?...

LE FOSSOYEUR

Hein ?...

Sa bouche exhale une forte odeur de vin, et ses vêtements une odeur de pourriture.

CLÉOPAS

Tu es amoureux ?...

LE FOSSOYEUR

dont les narines palpitent de sensualité :

Oui, des mortes...

CLÉOPAS

Des mortes !...

Il est livide. Soudain la matière qui le compose se fond. Il n'est plus qu'une spiritualisation sans l'ombre d'une ligne. Cependant cette spiritualisation s'aperçoit. C'est à peu près ce qu'est un miroitement de mare trouble sous une lune trouble aussi.

Les Vapeurs claires et les Vapeurs ténébreuses s'enlacent et se mettent à danser une ronde silencieuse autour d'eux.

LE FOSSOYEUR

avec un soupir d'amour.

Ah ! par la gloire éternelle des ghouls ! que les mortes sont belles !...

Il met la main sur son cœur et fixe avec extase les planches du cercueil qui, doucement, s'entr'ouvrent.

C'est surtout le soir, quand le peu de lumière qui reste éclaire vaguement le fond des fosses fraîches, que j'aime les mortes. Il fait bon, merveilleusement. Les premières étoiles me contemplent. La porte du cimetière vient de grincer sur la dernière pleureuse. Je reste seul. Les oiseaux se chamaillent dans les cyprès et les saules pleureurs. Un souffle frais soulève le parfum des chrysanthèmes, fait geindre les vieilles croix et tinter les couronnes en perles de verre. Alors je me mets à soulever le linceul de la morte que Dieu envoie Ailleurs et que moi je vais séparer de l'Humanité. Toutes les jouissances me tiennent. C'est plus que divin, tu sais, d'être le dernier à regarder le regard d'une morte. Le regard d'une morte ne regarde nulle part et regarde partout. Il embrasse les mondes que le regard des vivants ne peut pas voir. Puis je mets à nu la belle chair vert pâle, si ferme. Contre sa fraîcheur magique, je soulage la fièvre de mon front. Mon âme s'affole de joie ; elle pénètre dans l'abîme de ce corps, elle prend la place de l'âme en allée et me procure des vertiges prodigieux...

Il s'avance vers le cercueil qui est entièrement ouvert et pousse un cri de dépit en constatant qu'il ne contient rien. Il se frappe le front à plusieurs reprises.

Un cercueil vide ne signifie absolument rien... Enfin voyons, que signifie un cercueil vide ?...

CLÉOPAS

se ronge les ongles et cherche à comprendre aussi.

160

...Un cercueil vide !...

Il tremble et répète :

...Un cercueil vide...

Ses yeux s'ouvrent à un vent de folie. Des pleurs s'en échappent : de gros pleurs, très lourds, qui lui coulent jusqu'à la pointe des orteils et l'empêchent de faire un mouvement.

C'est bien curieux...

LE FOSSOYEUR

bouscule brutalement les Vapeurs claires et les Vapeurs ténébreuses, et penche sa tête dans l'intérieur du cercueil. Il en gratte les parois de ses dents longues et plates. Ses narines s'évasent.

Cependant...

CLÉOPAS *angoissé*

Quoi ?...

LE FOSSOYEUR

rêve et ne répond rien. Il s'agenouille lentement et donne un formidable coup de poing sur le cercueil que se brise en plusieurs morceaux. Puis il s'adresse au cercueil et hurle.

Cependant tu n'as pas vécu tout seul, toujours, dis !... J'en suis certain... Je m'y connais, tu sais... Ah ! ah !... Tu te figures comme ça que tu n'as de comptes à rendre à personne ?... Que tu as le droit de devenir, tout à coup, un cercueil vide sans que l'on sache comment et pourquoi ? Non, mais....

UNE VOIX COELOSTOME

monte des débris pourris du cercueil.

Que ceux qui sont dans la vie s'occupent de ce qui est autosiste et laissent en paix les parties de la nuit, du mystère et de la mort qui se sont égarées sur ces chemins-ci...

LE FOSSOYEUR

Tu raisonnes !... Laisse cela aux chrysologues qui ont la mission de convaincre la naïveté des foules... Et puis ça ne te va pas du tout, mon ami.... D'ailleurs maintenant que je t'ai brisé, ô cercueil, ta voix est plus obscure que le bruit d'un coup de poing qu'on donne aux parois des catacombes... Élève-toi jusqu'à mes oreilles... que je t'entende...

LA VOIX COELOSTOME

tremblante :

Il suffit que je sois entendue de l'éternité. Je ne sais pas parler aux hommes. Cela ne m'est pas arrivé encore.

Une violente colère agite

LE FOSSOYEUR

Il crache sur les débris du cercueil et les frappe du talon.

Crois-tu donc que les hommes soient moindres que l'éternité.

LA VOIX COELOSTOME

à peine perceptible :

L'éternité est la maitresse des apogées,

LE FOSSOYEUR

Et l'homme est le maitre de l'Éternité. L'âme humaine n'a pas eu de commencement. L'âme humaine est immanente. L'âme humaine sature les myriades d'essences qui forment le tout. Sans l'âme humaine l'éternité n'aurait pas lieu d'être. Comprends-tu au moins? D'un bond notre pensée fait le tour des époques qui sont mortes et de celles qui vont naître; l'éther tient entièrement autour d'une fibre de cerveau humain. La conception d'un imbécile peut envelopper l'éternité — et l'au-delà de l'éternité....

LES VAPEURS TÉNÉBREUSES
et
LES VAPEURS CLAIRES

rient en continuant de danser en rond.

Ah! ah! ces propos là te conviennent bien, stercoraire!

LE FOSSOYEUR

cesse d'être en colère et rit aux éclats.

... Vous avez bien raison, tout de même, fille des Orbes sacrés!... Vous avez bien raison.... Ça ne me regarde pas ça... Ça regarde les esséniens, les archimages, les pansophistes... Rien d'acroatique ne doit sortir de ma bouche qui pue à force d'avoir embrassé des chairs mortes... Mais qu'est-ce que vous voulez! Cette voix de cercueil m'a mis hors de moi... Elle m'a paru avoir du mépris pour l'homme.... Après tout l'homme n'est pas méprisable du tout...

LES VAPEURS TÉNÉBREUSES
et
LES VAPEURS CLAIRES

railleuses.

Si peu!...

LE FOSSOYEUR

interdit, devient très pâle. Cependant il essaye de sourire.

Quoi, vous aussi !...

Il racle, de ses ongles boueux, la sueur qui coule à flots dans les rides de sa face. Il frappe par contenance sur le ventre de

CLÉOPAS

qui, les bras croisés, est immobile, tenu par un rêve puissant. Ses yeux palpitent et jettent des lumières étranges. Il articule avec peine :

C'est ainsi... La voix d'Atropos s'en est allée... Voici maintenant une voix cœlostome qui monte du cercueil brisé... Ou suis-je?... L'ombre règne ici... L'ombre règne partout... Le ciel est tombé par terre...

Les gros pleurs, très lourds, lui écrasent toujours la pointe des orteils.

LE FOSSOYEUR

Allons, aide-moi... Il faut que nous répondions à ces Formes misérables qui viennent de je ne sais quel marais fétide... Tout-à-l'heure elle m'ont insulté... Et j'ai été lâche, je n'ai rien répondu... Au contraire je les ai appelées filles des Orbes sacrés!... Mais maintenant c'en est trop... Tu dois m'aider : tu es un homme comme moi... Et elles ont l'air d'insinuer que l'homme est méprisable...

CLÉOPAS

Aie ta conviction que l'homme n'est pas méprisable et laisse les donc dire. En ce monde la conviction que l'on a est la seule qui compte...

LE FOSSOYEUR

Mais en quel monde sommes-nous?...

CLÉOPAS

se prend le front comme pour empêcher quelques idées précieuses de s'enfuir.

Il est vrai que je n'en sais rien.

LE FOSSOYEUR

Alors...

(A suivre).   NONCE CASANOVA.

Trois petits Poèmes

POUR CHANTER L'AMOUR

L'Amour a passé dans ma vie
En riant comme un enfant fou.
Il rougissait de chaude envie
Et portait des chaînes au cou,

Chaînes de lilas et de roses
Qu'il allait suspendre en festons,
Du soir à l'aube, aux portes closes
Où sa main frappait à tâtons.

Il buvait à toutes les coupes
Et s'endormait dans tous les bras,
Ce prince des mauvaises troupes
D'ivrognes et de scélérats.

Mais voici qu'un matin d'automne
Le méchant vit sur le chemin
Venir à lui, belle et si bonne,
Celle dont il baisa la main.

Elle avait brune chevelure
Et les yeux couleur de la mer;
Douce aux fleurs était son allure
Et ses lèvres embaumaient l'air.

Parmi les danses des vendanges,
L'Amour, faisant son pas léger,
La poursuivit, le cœur plein d'anges,
Du noir vignoble au clair verger.

Il la suivit jusqu'au village,
Dont les toits fument dans le soir,
A l'heure où l'angelus propage
Du ciel aux champs un peu d'espoir.

Et depuis, tandis qu'elle chante
En filant le lin pur des jours,
Il cherche, pour que Dieu les tente,
Ceux qui pleurent aux carrefours;

Et leur prenant la main, les mène
Au seuil béni de sa maison
D'où volent, conjurant la haine,
Le Chant, le Verbe et l'Oraison.

Pour bercer l'Amour

Amour, je veux que tu t'endormes
Dans mes bras comme un enfant mort.
Le vent du soir murmure aux ormes,
Des cloches sonnent dans le Nord.

C'en est déjà fini de rire
Et de jouer parmi les fleurs.
Dors ! Il me faut encore écrire
Le poème de mes douleurs.

Ferme tes yeux fous et délie
Le collier trop lourd de tes bras.
Nos coupes sont noires de lie,
Et je sens mourir les lilas.

Rêve qu'il fait dehors décembre
Et que l'ombre est pleine d'effroi.
Ah ! du silence dans la chambre,
Et de la solitude en moi !

Dors-tu? Le soleil est en fuite.
Dors-tu? Le ciel n'est plus vermeil.
— Tu réponds par des mots sans suite,
Pauvre Amour qui n'a pas sommeil.

Pour narguer la Mort

La Mort, par les chemins,
Amour, est en maraude.
L'entends-tu, là, qui rode
En soufflant dans ses mains?

Quelqu'un pousse la porte :
C'est comme un bruit mouvant
De cloches dans le vent.
Que Dieu nous reconforte !

Voici hurler le chien
Qui tire sur sa chaîne,
Sentant sur lui l'haleine
De la Reine du Rien.

Mais nous sommes ses maîtres !
Louche, elle peut venir
De sa bouche ternir
Les carreaux des fenêtres.

N'es-tu pas sur le seuil,
Riant de sa menace,
Amour, et face à face
Narguant celle au cercueil ?

J'entends un rat qui ronge
Quelque chose en la nuit.
La lampe à peine luit.
Une âme est là qui songe.

Et j'écoute en rêvant
L'appel lointain des cloches
Ou le bruit des pas proches,
Selon que vient le vent.

La Camarde, à voix forte,
Crie aux gens qu'elle a faim,
Va, souffle dans ta main !
L'Amour garde la porte !

Stuart Merrill

La Poésie et l'Aiglon

M. Rostand se présente à l'Académie. La chose est sûre. Une dispense d'âge ne fut jamais nécessaire, et nous vivons en un pays qui aime à se donner des apparences de liberté. Les gazettes dévouées ne nous laissèrent ignorer aucun détail de cet événement qui le dispute, en importance, au mariage de M. Paul Deschanel. Ainsi savons-nous que l'auteur de *Cyrano* sollicitera par lettres les suffrages académiques. Les trois douzaines d'épîtres, réunies en un volume, fourniront aux candidats futurs un parfait manuel de correspondance. Nous sommes en droit d'espérer cette œuvre. Il serait bon que les jeunes rhétoriciens pussent apprendre en un pareil recueil l'art d'exprimer une même requête de trente-huit façons différentes. Aussi bien, une préface de l'un des personnages d'immortalité officielle, experts à discourir pour peu, s'imposera. Les auteurs gais devront accepter sans colère cette loyale concurrence. Après le départ émouvant de Sarah et de Coquelin pour l'Amérique, nous aurons celui du Poète pour le champ-clos sis quai Voltaire. Et nous lirons d'étonnantes interviews. Et nous nous croirons soudain rajeunis d'une année, ramenés aux temps héroïques où l'*Aiglon*, encore sans plumes, emplissait déjà la presse du bruit de ses piaillements.

Je n'ai pas vu l'*Aiglon*, et mon cas est peut-être unique. J'ai lu la pièce, simplement, et je puis bien dire que les vers m'en ont cruellement déçu. Ma déception n'est pas celle d'un parnassien que des licences poétiques trop osées effarouchent, non plus que celle d'un symboliste qu'horripile l'immuabilité de l'alexandrin. Je suis, moins dogmatiquement, un passionné de poésie qui exige du vers un rythme, même obscur, et de l'harmonie. Je considère le vers, quel qu'il soit, comme un écrin destiné à recevoir la précieuse orfèvrerie des images neuves, non le toc grossier des trivialités.

On ne peut nier que les vers de M. Rostand soient rythmés. Il convient de féliciter le poète — et ce fut déjà fait — de nous avoir débarrassé de l'alexandrin mécaniquement découpé, mathématique et ronronnant. Après

M. Adolphe Boschot, je citerai ces lignes d'Anatole France : « La suppression de la césure n'est qu'un pas de plus dans une voie dès longtemps suivie...... Le vers brisé devait conduire au vers à césure mobile et multiple : c'était nécessaire ». Espérons que c'en est bien fini des vers taillés d'après un invariable patron : vers de confection, vers bon marché. Donc la césure se déplace, le vers se disloque, s'adapte à la pensée comme le maillot à la beauté de la chair. Et c'est très bien. Et c'est si bien que, parfois, nul ne saurait affirmer à première vue que le vers est bien un alexandrin. Il faut compter les syllabes sur ses doigts, puérilement, pour se convaincre que le nombre imposé y est bien. Ce n'est pas nous qui nous plaindrons de cette liberté de l'écrivain. Mais nous sommes en droit de nous demander, puisqu'il en use ainsi, et puisqu'il y semble trouver quelque avantage, pour quels motifs il ne va point jusqu'au bout et ne néglige pas le nombre de pieds. Plus simplement, pourquoi repousse-t-il le vers libre ? Il est à remarquer que la précision y gagnerait. Peut-être alors serions-nous délivrés de l'obsession de ces phrases de glaise qu'un coup de pouce rend méconnaissables et qu'un ongle impitoyable fragmente pour les faire entrer — propositions martyres — dans la boîte réglementaire et classique de l'hémistiche. Peut-être aussi disparaîtraient enfin les banales et fâcheuses chevilles, tampons inutiles qui bouchent mal les trous et les fissures, lambeaux de drap déteint masquant trop ostensiblement le malencontreux accroc d'un vers neuf.

Il semble d'ailleurs que M. Rostand ne s'impose des règles que pour s'en gausser. Il s'ingénie à faire des alexandrins qui semblent n'en être pas. Il s'impose la rime et s'efforce à lui faire la nique. Sully-Prudhomme énonce cet aphorisme : « Une belle rime doit remplir deux conditions qui semblent inconciliables : satisfaire une attente et causer une surprise ». Je puis vous affirmer qu'à la lecture de l'*Aiglon*, la surprise ne perd rien à avoir attendu. Que le mot Altesse — lequel revient une bonne douzaine de fois au bout du vers — rime à plusieurs reprises avec qu'est-ce ou qu'était-ce, que Henri V rime avec zinc et ultras avec patatras, je n'y vois nul inconvénient, encore que cela me paraisse plus étrange qu'harmonieux. Mais il y a mieux : Phénix rime avec la lettre X, Sainte-Hélène avec la lettre N et tombé avec la lettre B. Cela fait penser à ces brins de pâte criblant d'un alphabet comestible les potages familiaux. Le poète veut nous étonner. Il y met de la malice. Il cherche un son barbare et nous le présente, semblant dire : « Cherchez la rime ! » Nous cherchons et nous ne trouvons point. Si nous trouvons, nous reculons devant le mot qui nous semble déplacé. L'auteur de l'*Aiglon* ne recule pas. Et, parfois, il fait en se jouant des bouts-rimés charivariques. Voici Metternich — dont la syllabe finale devrait, je pense, se prononcer plutôt niche que nic —. Le poète lui choisit deux rimes parmi les plus extravagantes. Il ajoute onze pieds à chacune des rimes élues et présente ces merveilles à nos yeux éblouis :

> « Car de sa boîte — cric ! —
> « Je le sors aussitôt qu'oubliant Metternich . . . .
> « Il faut qu'auparavant j'aille, voilà le hic,
> « Consulter mon ami Monsieur de Metternich.

J'imagine, du moins, que M. Rostand opère ainsi. Il ne m'a pas fait de confidences. Aussi bien y a-t-il plus fort encore. Voici un nom propre : Hietzing. Quitard, providence des potaches en mal de lyrisme, n'a point prévu les rimes en tzing. L'auteur de l'*Aiglon*, s'il ne prévoit pas tout, répond à tout. Il amène un fou sur la scène — nous sommes heureusement au bal masqué — dont le seul rôle est de fournir la bienheureuse rime... et nous lisons Acte IV, Scène IX :

> Le Fou (*se sauvant et agitant sa marotte*)
>
> Tzing ! Tzing !
>
> (*Tout disparaît dans des éclats de rire*)
>
> Fanny, *reprenant, au duc :*
>
> « Puis tu sors par le parc.....
>
> Le Duc
>
> Par la porte d'Hietzing ?

Et voilà ! Qu'en dit Catulle Mendès qui, en tout, a l'honneur du métier ? Ainsi le poète nous apparaît novateur : une note de clarinette, un grincement de porte, un aboiement, peuvent, par lui, constituer des rimes. C'est d'une drôlerie raffinée. Peut être. Mais est-ce bien de la poésie ?

Ce qu'on a, semble-t-il, loué le plus volontiers dans le poème de l'*Aiglon*, ce sont les images. Les belles madames pâmèrent. Ce ne saurait être une preuve de l'excellence des dites images. Les belles madames pâment trop facilement. Les critiques, gens plus autorisés et de plus de sang-froid — sinon de plus de sincérité — proclamèrent en chœur : « Il y a dans cette poésie abondance de belles et fortes images ». Les grincheux prétendirent même qu'abondance était trop faible et incontinence plus juste.

Au vrai, pâmoison, louange et blâme sont également vains. Chacun invente des images, même involontairement et la difficulté n'est point tant d'être imagé que de l'être de façon heureuse et neuve. De cette évidence, M. Rostand semble se peu soucier. Il lance ses métaphores telles qu'elles se formulent au premier travail de son active imagination. Il ne s'inquiète point de les contrôler, ni de les corriger. Il s'ensuit qu'il est souvent banal. Il faut ajouter, pour être équitable, qu'il réussit spontanément à être parfois agréable et puissant.

J'aime ce vers :

« Ce parfum dans le soir, c'est la forêt qui vole ».

Et cet autre :

« C'est moi qui viens vers moi dans l'ombre qui s'étonne! »

Et ceux-ci de belle envolée dramatique :

« ... Au-dessus de la brume effrayante où tu bouges,
« Elève-moi, tout blanc, Wagram, dans tes mains rouges! »

J'en aime encore beaucoup d'autres. Pourquoi faut-il alors que certaines images unissent la banalité au mauvais goût. Et que penser de l'étonnant Metternich, alors qu'il perd sa salive, son temps et le nôtre en niaises apostrophes au Petit-Chapeau qui, frégolique et hallucinant, devient successivement : une petite et sombre pyramide, un décrochez-moi ça (*sic*), la chauve-souris des champs de bataille, un demi-disque, un chapeau d'escamoteur, un chapeau de dompteur, un grand coquillage noir, un triangle inélégant de drap..... J'abrège. Que ne devient-il pas, le pauvre! Le même Metternich, décidément loquace pour un diplomate, s'exprime, dans la première scène de l'Acte IV, un peu à la façon du grand chef des Aucas :

> « Sur chaque caisson vert
> « Va neiger une nappe et pleuvoir un couvert.

Et que dire de la complaisance du lecteur qui acceptera « les peupliers, pareils à des bonnets penchés de grenadiers ». Enfin j'aime mieux vous confier que, malgré l'admiration générale, j'ai bien peu de goût pour cette croix purulente :

> « ..... un bijou coulant d'une blessure »

Il est d'ailleurs remarquable que plus M. Rostand s'affirme auteur dramatique, plus le poète s'efface en lui. Comparez la *Princesse lointaine* à *Cyrano*. Comparez la *Samaritaine* à l'*Aiglon*. Il faut au dramaturge les applaudissements de la foule. Il n'obtiendra le triomphe passionnément désiré qu'à l'aide de moyens plutôt grossiers, aux dépens de toute délicatesse et de toute grâce. Il sera grandiloquent plutôt que grand; brutal plutôt que fort. Pour être compris du public des galeries supérieures, il devra se résoudre à quelque trivialité. Le peuple, malgré les efforts de quelques-uns, malgré la généreuse initiative de trop rares artistes, le peuple n'a pas déserté le café-concert. Allez au beuglant et vous verrez de quoi rit la foule ; allez dans les théâtres de quartier, lisez les journaux populaires et vous verrez de quoi elle pleure. Pour lui plaire, il faut se résoudre aux compromissions. Ainsi se glissent, en des œuvres conçues d'enthousiasme, des scènes de vaudeville et de mélo, du rire épais et du larmoiement facile. Ainsi, Flambeau, type éminemment sympathique à la multitude, est tour à tour de la Scala et de l'Ambigu. Imperturbablement, il menace ou blague en alexandrins, usant d'expressions vigoureuses qui font trépigner les spectateurs de l'amphithéâtre. Par exemple : ... on rapplique,.. je m'éloigne... près des machins romains... j'ai l'œil... nom d'un petit bonhomme... j'en fais un baluchon... ma petite turne... ma pelure... » J'en passe.

Il n'y a plus de mots nobles — certes ! Peut-être m'accordera-t-on qu'il y a encore des mots triviaux. Le poète a toute liberté d'expression — c'est entendu. Il n'empêche que, lorsque je lis un vers incrusté de termes argotiques, j'en conçois quelque dépit. L'aimée m'attriste en proférant des paroles grasses. Au reste, la réponse à cette critique est facile : il est trop clair qu'un grenadier ne s'exprime point dans la langue des cours. Tout se réduit donc à une question de mesure. Or, je trouve que l'auteur de l'*Aiglon* a dépassé la mesure. Qu'il veuille bien lire l'Introduction au Testament poétique, ouvrage profondément conservateur, rétrograde même. Il y trouvera cette juste constatation : « Or, aujourd'hui, tout sujet n'est pas reconnu poétisé par la seule investiture du vers et il ne suffit plus de versifier pour se constituer poète ». Faire parler en vers des gens, quels qu'ils soient, et surtout des grenadiers, me paraît incontestablement contraire à toute réalité. Je comprends donc fort mal un naturalisme d'expressions qui n'a que faire au milieu de tant d'artifices. Dégustez les hémistiches qui suivent et dites-moi si les gens qui les récitent ne feraient pas mieux de s'exprimer en vulgaire prose :

« Je vais me dérouiller en Grèce la carcasse
« Contre ces sales Turcs que l'on écrabouillait ».

[Act. II. Sc. IX.

« Et comme on voit que ça c'est fait par des malins ». id.
« Mais la comtesse, au fait, au fond du parc me guigne. »

[Act. III. Sc. VI.

« Et l'on s'y reprépare avec des ratatouilles
« A réadministrer au monde des tatouilles ».

[Act. III. Sc. VII.

Ces deux derniers vers méritent les honneurs d'un livre d'or. J'aime à croire qu'on s'exprimait ainsi dans la Garde. J'espère, même qu'on y grommelait les énergiques jurons sans quoi il ne saurait y avoir d'éloquence militaire M. Rostand nous a épargné les jurons. Grâces lui soient rendues. Goûtez maintenant le sel de ces plaisanteries :

..... Et le gardien
« Du portefeuille?... où donc s'est-il mis?... dans le sien?»
« L'aide de camp de nuit que fait-il?... des Viennoises? »
« Et le moricaud de garde ? il prie Allah ? »
« Quel service!... Oh! oh! oh! s'il y met sa lorgnette,
« Je crois qu'il y aura d'l'oignon, d'l'oignon, d'loignette!
..... Saperlipopette!
« Vous devenez plus blanc qu'un cheval de trompette! »

[Act. III. Sc. VII.

Flambeau d'ailleurs n'a point le privilège des vers abracadabrants. Je vous recommande ceci :

                    ..... Je vous conte cela

« Parce que tout cela, mon Dieu, c'est toute la

« Jeunesse !   Act. I. Sc. X.

Et ceci : « Qu'est-ce que c'est que ça ?... Voyons ! voyons ! voyons ! » M. Coppée, jamais, n'osa rien de pareil. M. Rostand ose tout. Il est prodigieux. Il met tout en vers. Jadis — et Lucien Descaves s'en amusa grandement — il coupa le Pater, en tranches à la fin de la Samaritaine, ajoutant et retranchant des syllabes, ainsi qu'un bon commerçant pesant une denrée. Aujourd'hui, il lamine le tumulte. Lisez plutôt le quatrième acte : (Tout le monde debout et parlant à la fois).

« Hein ? Qu'est-ce ? Quoi ? Comment ? Plaît-il ? Qui ça ?
                                — Tumulte.

Tout est en vers vous dis-je ! J'imagine que les machinistes eux-mêmes et les pompiers et les ouvreuses devaient superbement s'apostropher dans la langue des Dieux. Ce qui n'empêche que tout cela semble être du lyrisme pour la province, du lyrisme de carton-pâte, du lyrisme d'Exposition — et encore !

Après les discussions d'affaires dont la Muse (!) d'Emile Augier ne s'effarouchait pas, nous avons eu les propos d'estaminet versifiés par Jean Richepin dans le Chemineau. Nous avons dû subir des sonnets scientifiques et médicaux. Que nous réserve M. Rostand ? Déjà, il fait annoncer une nouvelle œuvre : le Théâtre. Nous y aurons un peu d'argot — je pense — en vers — sans aucun doute. — A quand donc une adaptation.,.

..... de « Gigolette », en vers dodécasyllabiques ?

Adrien Arennes.

Jouets de Paris

La Promeneuse

Quand tu marches ta robe murmure comme une ruche pleine d'abeilles, et tu laisses sur ton chemin le parfum de la violette.

Quand tu marches tous les génies de la dentelle, du tulle et les follets des rubans voltigent dans l'air que tu déplaces.

Quand tu marches, au rythme de tes pas, la blancheur de ton jupon apparaît comme l'écume d'une vague.

Quand tu marches la pointe de ta mule grise se montre en timide souris sous les volants de ta jupe rose, et un petit griffon, hirsute comme un chrysanthème, suit ton ombrelle en te tirant la langue.

Les Perles

Chaque perle de ton collier vit sur ta peau comme un fruit vit dans la lumière : de même que l'églantine est faite pour le printemps, et pour l'automne la grappe mûre, la perle existe pour te parer.

C'est le joyau des mousselines, de la dentelle et du linge ; la perle s'imprègne du parfum de tes épaules et s'attiédit sur tes seins frileux.

Ton âme joue dans les reflets de ton collier comme le soleil sur un jet d'eau : les perles vivent et meurent, mais leur orient fleurit de toi.

Heureuse d'être sur ta peau brune, leur théorie semble la suite de tes jours et comme ton collier fermé, autour de ton cou, n'a plus commencement ni fin, de perle en perle, en écureuil léger, toujours, tu tourneras dans le bonheur.

LA BELLE AMPHORE

Tu te vêts souvent de soies, de mousselines ou de chiffons et tu te charges de bijoux.

Aujourd'hui ta mise est simple, te voilà sans colliers et sans bagues, et ta nuque sort de ta robe de bure comme une rose thé d'une amphore de terre sombre.

PAUL LECLERCQ.

Plaidoyer pour Trianon

A Paul et Victor Margueritte.

J'entreprends ici de défendre Trianon.

C'est une tâche ingrate et difficile. M. de Nolhac lui-même, qui aime tant Versailles et ses souvenirs, semble s'en être lassé. Il assiste, impuissant et résigné, à cette mort lente et quotidienne, à cette désagrégation redoutable de quelques-uns des vestiges les plus charmants et les plus gracieux de l'ancienne France. Et son initiative, qui se montra si active et si érudite à tous les endroits des bâtiments royaux, semble s'être arrêtée au seuil du Hameau de Marie-Antoinette, et paraît ne pas avoir osé franchir la petite porte de ce parc familier où il n'est pas une pierre, pas un bosquet, pas une statue qui ne raconte à elle seule tous les secrets et tous les badinages d'un siècle qui en compta tant et de si délicieux.

Cet état de choses, cet abandon navrant de toutes les petites constructions exquises et pittoresques du Hameau, de la Laiterie et du Moulin provient sans doute d'un désintéressement plus puissant encore que la sollicitude de M. de Nolhac n'est grande.

Le délicat artiste des *Paysages d'Auvergne*, le savant philologue qui nous donna sur Erasme, Joachim du Bellay et Ronsard des travaux appréciés et approfondis, est un esprit trop épris du xviii⁰ siècle, de sa grâce futile, de son art frivole et admirable, de sa mort tragique et belle, pour être demeuré insensible à l'inévitable destruction, à l'anéantissement irréparable de ce coin adorable qui est comme le sourire du pompeux Versailles, comme le refuge de rêverie, d'abandon et de méditation après l'imposant prestige du Château, après la magnificence rectiligne du Parc !

M. de Nolhac ne peut pas tout. M. de Nolhac est poète ; et les poètes, comme on sait, ne sont pas les plus écoutés. Ils sont soumis à la raison d'Etat. Et l'Etat qui prodigua les millions, il y a un an à peine, à la construction d'éphémères palais, à l'érection de bâtisses presque aussitôt démolies qu'élevées, l'Etat ne trouve pas dans ses coffres la somme relativement modique qui assurerait un peu plus de durée aux bâtiments délicats et fragiles du Petit-Trianon.

Le Petit-Trianon ! Que de scènes de bergerie et de bonheur, à ce nom aimable, nous reviennent en mémoire ! Quelle époque d'abandon et de délices revit à nos yeux ! Que de noms mutins ou licencieux, attristés et doux, renaissent sur nos lèvres et quel tableau ingénu et passionné d'un siècle nous voyons se retracer dans le refuge de son enclos, avec le ton légèrement affaibli des pastels qui ont trop vieilli ou le coloris ancien des tapisseries vivaces qui se sont décolorées à cause du temps inexorable !

Dès le seuil du Hameau, se dresse blanche et fragile la façade que partagent les quatre colonnes corinthiennes, où s'ouvrent les cinq grandes baies de face surmontées des petites fenêtres carrées à l'attique, qu'agrémentent les balustres de la terrasse à l'Italienne. L'œuvre de Gabriel est toujours debout. Svelte et charmante, comme habitée encore, semblerait-il, de cette « âme blanche de la Reine » dont le Prince de Ligne nous parla si ingénûment !

Certes Madame Du Barry promena volontiers, par les salons exquis de cette maison champêtre, les impurs parfums d'une débauche crapuleuse et affadie, mais ce n'est pas de cela qu'on se souvient en entrant ici ; c'est seulement de la pauvre reine qui y vint demeurer après elle et dont « l'âme blanche » comme il nous faut dire tant cela est juste, dont la fragile et enfantine « âme blanche » semble avoir laissé comme un peu de son parfum aux cadres dédorés, aux tentures mortes et aux boiseries éteintes.

C'est ici que Marie-Antoinette eut sa maison de campagne ; c'est ici qu'elle se réfugia avec de rares amis pour y vivre de l'agréable vie de châtelaine rustique ; c'est ici, dans la maison et sur les pelouses, entre les quinconces et les péristyles, qu'elle se promena avec les dames en chapeaux à la laitière, en souliers à la Jeannette, en habits à la paysanne. Ah ! c'était le temps des joies et des jeux alors, des plaisirs familiers loin de l'étiquette ennuyeuse, des courtisans maussades et philosophes, et de ce duc de Mercy-Argenteau, envoyé de Marie-Thérèse qui ne quittait jamais la jeune reine d'un instant, l'espionnant sans cesse, sans cesse auprès d'elle, prêt à la censure et à la réprimande.

Des personnes discrètes — les intimes seulement — y glissaient entre les chèvrefeuilles et les portières, risquant qui une épée brillante, qui la pointe d'une dentelle ou le satin d'un falbala : M. le duc de Coigny, Madame de Polignac, Madame de Guiche, M. de Polastron qui jouait si exquisement du violon, M. de Guines qui se servait de sa flûte à ravir, Madame de Polastron, le comte d'Adhémar qui joua dans *Rose et Colas*, le comte de Vaudreuil qui chanta dans le *Devin de Village* et enfin cet espiègle et joyeux gentilhomme, le moins morose de tous : M. le comte d'Artois !

Certes, bien des calomnies ont été propagées, bien des mensonges, bien des erreurs ! Qu'est en effet ce capricieux joyau de Trianon, ce village puéril, touchant et délicieux, à côté des sommes formidables, des cadeaux incessants, des plaisirs ruineux que se plaisaient à disperser les maîtresses de Louis XV ? Qu'est tout cela à côté de la fantaisie coûteuse de certains particuliers, de plusieurs fermiers généraux et quelle somme relativement modique tout cela a coûté, à côté des millions qui furent engloutis, à la même époque, à la Folie-Boutin, à la Folie Saint-James, à la Folie Saint-Jean, au Parc de Brunoy et dans la construction de ce parc anglo-chinois qu'un grand seigneur, le comte de Caraman, avait fait établir à Paris rue Saint-Dominique ? M. Boutin, receveur-général des finances et trésorier de la marine, a, dit une contemporaine, Madame la Baronne d'Oberkirch, enfoui dans la construction de Tivoli, la somme colossale de plusieurs millions. « C'est un lieu de plaisance ravissant, dit la curieuse baronne, les surprises s'y trouvent à chaque pas ; les grottes, les statues, un charmant pavillon meublé avec un luxe de prince. Il faut être roi ou financier pour se payer des fantaisies semblables. » Madame d'Oberkirch a raison. Il faut être roi ou financier. Seulement ce qu'on accorde au financier on ne le pardonne guère au roi. Et c'est ce qui arriva pour Marie-Antoinette. On lui fit un crime de Trianon. Encore n'avait-il point été construit pour elle et le ressentiment populaire n'eût-il point dû y voir autre chose que ce qu'il y avait réellement. Le Hameau seul avait été élevé uniquement pour la Reine, sur les dessins de Mique. Et, semble-t-il, c'est ce hameau aujourd'hui encore qui porte la marque de la réprobation publique et qui devient la proie du temps, comme si les haines ne s'étaient pas apaisées, comme si les reproches ne s'étaient pas éteints, et comme si l'on devait voir autre chose désormais, dans ces sites d'autrefois, que le délicat monument d'une époque qui n'est plus et qui eût bien de la grâce et bien de la beauté. Le pillage, l'incendie et la ruine ont, peu à peu, détruit les quelques gracieux poèmes de pierre de l'époque *rococo*. Et, si nous n'avions les dessins d'Hubert Robert, la musique de Grétry et les vers de Gentil Bernard :

> *Rien n'est si beau*
> *Que mon hameau,*
> *O quelle image,*
> *Quel paysage.,.*

rien ou à peu près rien ne subsisterait susceptible de nous en fournir une évocation.

Rien, sauf Trianon.

Mais, disons-le hautement, Trianon, sans le Hameau de la Reine, n'est plus l'édifice par excellence du xviiie siècle; il cesse de nous représenter le cadre de ce coin de Versailles, de « ces petites maisons des vignes » bien à l'ombre, si aimables, si légères, d'une architecture si gracieuse, si élancée et si parfaite. Trianon sans le Hameau n'est plus le coin de nature apprêtée, taillée et fantaisiste qu'adoraient les poètes en quête de grottes rocailles, des massifs de jardins anglais et de ces petits temples de marbre où André Chénier vint saluer, un jour de mélancolie, la royauté mourante. Trianon n'est plus rien qu'un château quelconque, ses bois incultes, selon l'expression navrante du poète, qu' « un vieux parc solitaire et glacé. » Trianon, sans le Hameau de la Reine, est un Trianon mutilé, sans charme et sans attraits, sans espace et sans art. Quelque beauté exquise qui se dégage de l'œuvre de Gabriel, celle-ci n'est rien sans ce cadre agreste et verdoyant du jardin, sans cet assemblage des petites maisons, de la Ferme, de la Laiterie, du Boudoir et du Colombier.

Et, ce que nous voulons, c'est un Trianon intégral, précieusement réparé, protégé, sauvé de l'oubli et de la mort, un Trianon avec le Hameau.

Ici le xviiie siècle passa avec son sourire qui était enchanteur, avec ses jeux qui étaient charmants, avec son art qui était unique et inimitable, avec ses marquises qui étaient jolies et insouciantes, avec ses abbés qui étaient galants et ironiques, avec sa musique qui était enchanteresse et impalpable, avec son théâtre qui était frondeur et sentimental, avec ses modes qui étaient légères, avec ses mœurs qui l'étaient plus encore que ses modes, avec cette jeune reine dont la beauté n'avait d'égale que l'imprudence.

****

Ce n'est point pour cela toutefois que nous demandons la réfection du Temple de l'Amour et du Boudoir, les réparations urgentes de la Laiterie, de la Vacherie, du Moulin et de la Tour de Malborough ; ce n'est point parce que des jeux futiles s'y donnèrent, que des menuets et des gavottes s'y dansèrent, qu'une reine y joua la comédie, que des princes s'y amusèrent au jardinage, mais c'est aussi parce qu'il faut voir là l'une des manifestations les plus intimement inspirées du génie de Rousseau.

Le dieu Rousseau! Qui ne le rencontre à chaque pas dans ces charmettes versaillaises où son esprit tyrannique et agreste s'imposa au point que l'habitation, les jardins, les potagers et la crèmerie y furent, pour ainsi dire, construits sous l'inspiration de son naturisme sentimental. Le dieu Rousseau! ne le frôle-t-on point ici, à chaque pas, comme présent à la Ferme ou au Presbytère, comme rêvant dans le Labyrinthe, comme errant dans les allées capricieuses de ce petit village? Le dieu Rousseau! n'est-ce point sa poésie passionnée, son lyrisme rustique et pénétrant, sa grâce subtile et campagnarde qui dictèrent les plans des maisonnettes, de ce domaine véritable où les grandes dames apprenaient à garder les moutons, à traire les vaches et à préparer le beurre?

Le dieu Rousseau, le maître de tous et de toutes à cette époque qui allait finir l'ère d'un siècle et d'une société ; le dieu Rousseau, le même dont les périodes déclamatoires nourrissaient en même temps, dans sa modeste chambre d'étudiant, un obscur avocat d'Arras qui sera Maximilien Robespierre, sous le toit recueilli de la maison paternelle un timide et bel adolescent qui sera le chevalier de Saint-Just; le dieu Rousseau est, pour l'heure, celui qui, selon l'expression de Sainte-Beuve, rend les princesses « folles de champêtre ».

180

Le retour aux champs de la reine la plus aristocratique de l'Europe, ce goût enfantin marqué pour les travaux du ménage et de la ferme, cet amour des fleurs, des fruits et du laitage, ces plaisirs de servante où s'amuse la fille de Marie-Thérèse, qui si ce n'est Rousseau n'en inspira la mode ravissante et poétique?

Certes d'autre noms semblent être plus chers au cœur de la Reine, ceux de Mozart, de Grétry, de Sedaine, de Gluck, de Marivaux, de Marmontel, de Beaumarchais, voire du sieur Gardel aîné, maître des ballets, mais c'est Rousseau l'obscur inspirateur, le maître des cœurs et des sens! « Marie-Antoinette, à Trianon, disent MM. de Goncourt, était sans le savoir l'élève de Jean-Jacques. » La Reine de France n'en savait rien, il est vrai, mais chaque fois que ses blanches mains se mêlent, pour les pâtisseries, à la farine moulue au moulin du Hameau, chaque fois qu'elle entre, son impérial profil caché sous le vaste chapeau de paille, en toilette de linon et de dentelles, pour boire, tiède encore du pis de la vache, le lait qu'une grande dame de la Cour a servi; chaque fois qu'au poulailler des œufs frais du jour lui sont offerts dans une corbeille fleurie et qu'elle les reçoit en riant dans son tablier de percale, chaque fois, c'est un hommage secret qu'elle rend à l'homme de la nature et de la vérité.

Chaque fois qu'au jardin la rejoignent Madame Elisabeth, Madame Royale, le Grand-Dauphin et le jeune duc de Normandie, et que tous cinq s'entretiennent ingénument du jeu des oiseaux, des pas de la meunière ou de l'éclat des fleurs, c'est encore au philosophe genevois, au maître d'*Emile*, que revient l'honneur de ce cours sur l'éducation et sur la nature.

Et quand Madame Vigée-Lebrun elle-même peint cette toile admirable où elle groupera la mère et les enfants, n'est-ce point avec cette simplicité, cette délicatesse et ce charme qu'elle eut pu donner aussi bien à quelque splendide et riche paysanne occupée à apprendre à son fils et à sa fille les maximes de celui qui n'aimait pas Voltaire et que n'aimait pas Diderot, mais dont les écrits ont versé à l'époque, goutte à goutte, aussi bien dans les cœurs les plus fragiles que dans les plus violents, le baume parfumé et grisant d'une vie passionnée? N'est-ce point Rousseau encore et Rousseau toujours qui s'imposa à

Trianon par ces représentations du *Devin de Village* que la Reine elle-même avait exigées et où elle tenait le rôle de Colette pendant que le comte de Vaudreuil s'efforçait à briller dans celui du Devin et le comte d'Adhémar dans celui de Colin! N'est-ce point la Reine enfin qui y convia le Roi et, ne vit-on point ce prince applaudir lui-même une pièce dont la fille de Marie-Thérèse, tenait le jeu principal et dont l'auteur était ce vieux démagogue souffreteux et misanthrope qui traçait à la même heure, de sa main amaigrie et débile, les premiers mots de la Révolution, le dieu Rousseau!

Pour Rousseau, pour l'*Emile*, en souvenir d'un des plus éclatants et des plus touchants témoignages de ce que pût la philosophie de cet homme et de son œuvre sur une époque, sur ses contemporains et sur ses princes, il faut conserver, protéger et sauver le Hameau de Marie-Antoinette, il faut rendre durables les restes de Trianon.

*
* *

Pauvre Trianon! Pauvre Hameau! Une première fois déjà la Révolution et la mort faillirent les ruiner, faillirent les abattre comme des vestiges licencieux d'une époque abhorrée. Une fois déjà l'écriteau : *Propriété à vendre*, fut placé à la grille d'entrée de ce parc où les plus innocentes pastorales du xviiie siècle s'étaient jouées, où les scènes des bergeries les plus gracieuses, comme descendues des camaïeux et des grisailles de Watteau et de Lancret, avaient trouvé enfin des acteurs et des actrices assez futiles et assez intelligents pour leur prêter vie et couleur. Le 28 nivôse an IIIe de la République une et indivisible, l'administration du district de Versailles prévenait, par voie d'affiche, ses concitoyens que « le Petit Trianon, depuis trop longtemps arraché à l'agriculture, pour servir au luxe et aux plaisirs des tyrans et de leurs valets, en insultant à la misère du peuple » allait être rendu à la culture. Le Petit Parc, le Hameau, le Trianon et leurs dépendances, évalués à douze cents arpents de terre devaient être adjugés, en dix lots différents, à des particuliers. C'était la mort sans phrase, la mort après la déprédation, après la désolation, l'isolement et l'oubli. Il n'en fallait pas moins aux Versaillais pour leur rappeler les jours encore récents de la Monarchie. Et, bientôt, avant que tout cela ne fût dispersé, la population basse de la ville se rua au pillage. Rue Neuve-de-l'Egalité, à Versailles, on trouva jusqu'à des glaces, des torsades, des lampadaires, des appliques et des embrases arrachés aux appartements de Marie-Antoinette. Le fameux petit meuble en poult de soie bleu de la chambre à coucher, des poufs du cabinet de toilette furent exposés aux vitrines des fripiers, Les officiers municipaux, eux-mêmes, en venant procéder à une visite d'estimation, ne furent pas peu surpris de trouver le limonadier Langlois et le papetier Simon installés aux endroits les plus commodes de la maison. Et MM. de Goncourt racontent que des débris de toutes sortes furent transportés à Paris, où la nouvelle société du Directoire, avide d'oublier, dans les plaisirs et dans le luxe, les catastrophes récentes, recherchait tout ce qui pouvait aider à embellir ses demeures.

C'est ainsi que la belle lanterne du Vestibule, d'un goût si joli et semblable à une girandole géante, fut retrouvée rue de la Michodière. Ailleurs les camelots montraient les admirables têtes de Sirènes et les queues dorées des Tritons des magnifiques traineaux qui, durant l'hiver de 1788, coururent, pour la dernière fois, sur les pièces d'eau.

Toutefois, soit par faute d'acquéreur, soit parce que Barras, au milieu des plaisirs et des conspirations, eût omis de donner des ordres pour cela, la vente n'eût pas lieu, Trianon ne fut pas dispersé, le Belvédère ne reçut point, dans ses pierres, les coups des pioches ignominieuses, et, dans le Temple de l'Amour, l'Eros de Bouchardon continua à tailler son arc de pierre dans la massue d'Hercule, et la charmante Salle de Spectacle où les accents de la comédie et de l'opéra-comique retentirent si souvent, demeura debout, sous le manteau de son lierre et de ses volubilis. La première République, soit par oubli, soit par scrupule, n'avait pas commis ce crime irréparable : la destruction d'une œuvre d'art exquise et appréciée, et, au sortir de la Révolution, au lendemain des jours tumultueux, le gracieux Prudhon lui-même eût pu venir s'y inspirer encore, pour ses tableaux où l'idylle et l'églogue se déroulent en touchants spectacles, d'un décor harmonieux et mélancolique. La Révolution avait épargné Trianon...

*
* *

Le Temps, plus inexorable, a passé depuis lors. Et, s'il est vrai que le zèle des conservateurs s'est appliqué à protéger le Grand et le Petit Trianon, il n'en a pas été de même du Hameau de la Reine. L'indifférence de notre République est, à ce point de vue, plus mortelle au petit village de Marie-Antoinette que la fureur jacobine des révolutionnaires. Ce qui n'a point péri par la pioche périra sûrement, un de ces jours prochains, d'abandon, de délabrement et de vieillesse. Et, la Direction des Beaux Arts, qui vient de laisser disperser, au lieu de s'en faire l'acquéreur, les Charmettes de Jean-Jacques, laisse s'émietter peu à peu ce joyau du xviii° siècle : le Hameau de Marie-Antoinette. Elle laisse, au lieu de pourvoir aux réparations urgentes qui pourraient, s'il en est temps encore, sauver la Laiterie, le Belvédère et le Moulin, une foule nombreuse pénétrer chaque dimanche sur les pelouses, casser les carreaux, briser les poutres, rayer les murs, écrire sur les portes et, toutes vitres ouvertes, permettre à l'ouragan, à la pluie et au vent d'emporter peu à peu des fragments du toit et des murailles, procéder miette à miette à la démolition de ce petit miracle d'art, de goût et d'ingénuité.

« Le Hameau de la Reine, a écrit M. Pierre de Nolhac lui-même, est la partie la plus visitée de Trianon. Mais l'abandon l'attriste et la ruine l'a touché. » M. de Nolhac pourrait ajouter que l'herbe pousse dans le boudoir de la Reine, que des petits garnements ont dessiné des têtes sur la Maison du Meunier, que le Colombier du Presbytère s'écroulera certainement un jour de lui-même et qu'il ne faut guère avoir l'espoir de montrer la Laiterie d'ici cinq ans.

« Il faut se hâter, dit encore M. de Nolhac, de voir tant qu'il reste encore debout, ce petit village de douze maisons, fragile caprice de femme, qui est, en même temps, le monument de goût d'une époque. »

M. de Nolhac a raison : « Il faut se hâter. » Mais n'est-ce point à ceux qui ont en garde le soin des richesses artistiques de la France de se hâter ? Les monuments de notre xviiie siècle, aussi typiques que celui-là, sont assez rares pour qu'on s'applique à les conserver. Nous voyons tous les jours des disciples plus ou moins capables de Viollet-le-Duc disperser la forte somme à la réparation des vestiges de l'époque romane et de la Renaissance, et personne ne se trouve, pas un ministre, pas un édile, pas un artiste. pas un Mécène, pour élever la voix en faveur du Hameau de la Reine, pour crier bien haut que le jour où le village ne sera plus, Trianon aura cessé d'être et qu'il ne faut point espérer conserver le château de Gabriel si on n'a point su sauvegarder les parterres de Richard Antoine et les fragiles constructions du Hameau. Laisser périr le Hameau, c'est, à notre avis, laisser se perpétrer envers l'art. un crime aussi grand que si on ne faisait rien pour sauver d'un désastre quelque chef d'œuvre de Watteau, une comédie inédite de Beaumarchais ou quelque partition ignorée du chevalier Glück.

EDMOND PILON.

★

Soir Fraternel

Un vent tiède a soufflé sur la mer et les îles :
On écoute le calme et le conseil du soir...
La fièvre du jour s'apaise et les voix d'exil
N'éveillent plus l'écho de notre désespoir.

O toi, voilier lointain, éclos comme une fleur
Sur l'onduleux gazon des plaines maritimes,
Mon âme, comme toi, se berce en la douceur
Eparse de la brise, et je me sens intime

Avec les éléments levés autour de moi !
La Nature est ce soir heureuse et confiante,
Elle et moi nous vibrons d'un fraternel émoi,
Et mon cœur s'assoupit loin de ma peine absente.

Avec un pur amour je vais pouvoir enfin
Aspirer pleinement dans ma poitrine fruste
Ce vent prodigieux où tremblent des parfums
Et tomber à genoux devant le soir auguste !

YVANHOÉ RAMBOSSON.

Olalla

(*Suite*)

Toute la matinée, j'allai d'une porte à l'autre, et entrai dans des chambres spacieuses et fanées; quelques-unes grossièrement contreventées; d'autres recevant leur pleine charge de jour, toutes vides et inhabitables. C'était une maison riche, sur laquelle le temps avait exhalé sa flétrissure et sa poussière, et répandu la désillusion. L'araignée s'y balançait; la tarentule bouffie décampait sur les corniches; les fourmis avaient leurs grands chemins grouillants sur le parquet des salles d'audience; la grosse mouche sale qui vit sur la charogne et est souvent le messager de la mort, avait fait son nid dans la boiserie vermoulue, et bourdonnait lourdement par les chambres. Ici et là un siège ou deux, un canapé, un lit ou une grande chaise sculptée étaient restés en arrière, comme des îles sur les planchers nus, pour témoigner de l'habitat passé de l'homme; et partout les murs étaient garnis des portraits des morts. Je pouvais juger, par ces effigies délabrées, dans la maison de quelle grande et belle race j'étais en train d'errer. Un bon nombre des hommes portaient des ordres sur leurs poitrines et avaient le port de nobles fonctions; les femmes étaient toutes en riches atours; les toiles, la plupart de mains célèbres. Mais ce ne furent pas tant ces évidences de grandeur qui s'emparèrent de mon esprit, même contrastant, telles qu'elles étaient, avec le dépeuplement et le délabrement actuels de cette grande maison. Ce fut plutôt la parabole de la vie de famille que je lus dans cette succession de beaux visages et de corps gracieux. Jamais auparavant je ne m'étais ainsi rendu compte du miracle de la race continuée, de la création et de la re-création, de la trame et du changement et de la dépendance des éléments charnels. Qu'un enfant naisse de sa mère, qu'il grandisse et se vêtisse (nous ne savons comment) d'humanité, et lève des regards hérités, et tourne sa tête avec la manière d'un ascendant, et offre sa main avec le geste d'un autre, tous ces miracles se sont amortis pour nous par la répétition. Mais dans la singulière unité du regard, dans les traits communs et le port commun de toutes ces générations peintes sur les murs de la residencia, le miracle surgissait et me regardait en face. Et un miroir ancien tombant opportunément sur mon chemin, je m'arrêtai à lire mes propres traits un long temps, retraçant de chaque côté les filiations et les liens qui m'unissaient à ma famille.

Enfin, au cours de ces investigations, j'ouvris la porte d'une chambre qui portait des marques d'habitation. Elle était de proportions vastes et exposée au nord, où les montagnes avaient l'aspect le plus sauvage. Les cendres d'un feu couvaient et fumaient sur l'âtre, contre lequel une chaise avait été approchée. Et pourtant l'aspect de la chambre était ascétique jusqu'à l'austérité : la chaise n'était pas rembourrée, le plancher et les murs étaient nus, et sauf les livres qut gisaient çà et là en quelque confusion, il n'y avait pas d'instrument soit de travail soit de plaisir.

La vue de livres dans la maison d'une telle famille m'étonna excessivement; et je commençai, avec une grande hâte et une crainte momentanée d'interruption, à aller de l'un à l'autre et à examiner précipitamment leur caractère. Il y en avait de toute espèce, de dévotion, d'histoire, de sciences, mais la plupart très vieux et en langue latine. Quelques-uns, à ce que je pus voir, portaient les marques d'une étude constante; d'autres avaient été déchirés en travers et jetés de côté comme par pétulance ou désapprobation. Enfin, comme je croisais par cette chambre vide, je découvris quelques papiers écrits au crayon sur une table près de la fenêtre. Une curiosité irréfléchie me fit en prendre un. Il portait une copie de vers, très rudimentairement métrés dans l'original espagnol, et que je puis rendre à peu près ainsi :

Le plaisir s'est approché avec la peine et la honte.
Le chagrin est venu avec une guirlande de lys.
Le plaisir m'a montré l'aimable soleil :
Cher Jésus, que doux était son éclat !
Le chagrin, de sa main décharnée,
    Cher Jésus, l'a désigné.

La honte et la confusion m'assaillirent tout d'un coup, et reposant le papier, je battis immédiatement en retraite hors de l'appartement. Ni Felipe, ni sa mère ne pouvaient avoir lu les livres ni écrit ces vers raboteux, mais pleins de sentiment. Il était net que j'avais pataugé avec des pieds sacrilèges dans la chambre de la fille de la maison. Dieu sait que mon propre cœur me punissait le plus amèrement de mon indiscrétion. La pensée que j'avais ainsi clandestinement poussé mon chemin parmi les secrets d'une jeune fille dans une situation si étrange, et la crainte qu'elle pût d'une manière ou d'un autre venir à en être informée, m'accabla comme une faute. Je me blâmais en outre de mes soupçons de la nuit d'avant, je m'étonnais d'avoir jamais attribué ces cris abominables à celle que je me figurais maintenant comme une sainte, à la mine spectrale, ravagée de macérations, liée aux pratiques d'une dévotion mécanique, et habitant dans un grand isolement d'âme avec ses parents incompatibles; et comme je m'appuyais sur la balustrade de la galerie et regardais en bas le brillant enclos de grenadiers et la femme vêtue de couleurs gaies et somnolente qui était en train de s'étendre et de se pourlécher délicatement comme dans la pleine sensualité de l'indolence, mon esprit compara vivement la scène avec la chambre froide, exposée au Nord, sur les montagnes, où habitait la fille.

La même après-midi, comme j'étais assis sur mon tertre, je vis le Padre entrer par la porte de la residencia. La révélation du caractère de la fille avait porté coup à mon imagination et presque effacé les horreurs de la nuit d'avant; mais à la vue de ce digne homme la mémoire revécut. Je descendis, alors, du tertre, et faisant un circuit par les bois, me postai à côté du chemin pour guetter son passage. Dès qu'il apparut je m'avançai et me présentai comme le locataire de la residencia. Il avait une très solide et honnête physionomie, sur laquelle il était aisé de lire les émotions mêlées avec lesquelles il me regardait, comme un étranger, un hérétique, et pourtant un qui avait été blessé pour la bonne cause. De la famille dans la residencia il parla avec réserve, et même avec respect. Je fis mention que je n'avais pas encore vu la fille, sur quoi il remarqua qu'il en était comme il devait être, et me regarda un peu de travers. Enfin je pris le courage de parler des cris qui m'avaient troublé la nuit. Il m'écouta en silence, puis s'arrêta et se détourna partiellement, comme pour marquer sans doute qu'il me congédiait.

« Prenez-vous du tabac? dit-il, offrant sa boîte à priser; puis, quand j'eus refusé : Je suis un vieillard, ajouta-t-il, et je puis me permettre de vous rappeler que vous êtes un hôte.

— J'ai, alors, votre autorité, repris-je assez fermement quoique je rougisse à l'implicite reproche, pour laisser les choses suivre leur cours sans intervenir ? »

Il dit : « Oui, » et avec un salut un peu gêné s'en retourna et me laissa où j'étais. Mais il avait fait deux choses : il avait mis ma conscience en repos, et il avait éveillé ma délicatesse. Je fis un grand effort, une fois de plus congédiai les souvenirs de la nuit et tombai de

188

nouveau dans la méditation au sujet de ma sainte
poétesse. En même temps, je ne pouvais tout à fait oublier
que j'avais été enfermé, et cette nuit-là, quand Felipe
m'apporta mon souper, je l'attaquai avec prudence sur les
deux points intéressants :

« Je ne vois jamais votre sœur, dis-je incidemment.

— Oh non, dit-il, c'est une bonne, bonne fille. » Et son
esprit instantanément vira vers autre chose.

— « Votre sœur est pieuse, je suppose, demandai-je à la
pause suivante.

— Oh! s'écria t-il, joignant ses mains avec une ferveur
extrême, une sainte; c'est elle qui me soutient.

— Vous êtes bien heureux, dis-je, car la plupart de
nous, j'en ai peur, et moi parmi le nombre, sont plutôt
enclins à tomber.

— Señor, dit Felipe avec chaleur, je ne dirais pas cela;
vous ne tenteriez pas votre ange. Si on tombe, où s'arrê-
tera-t-on ?

— Comment, Felipe, dis-je, je ne me doutais pas que
vous étiez un prédicateur, et je puis dire un bon; mais
je suppose que c'est l'œuvre de votre sœur? »

Il me fit un signe de tête avec des yeux ronds.

« Eh bien, alors, continuai-je, elle vous a sans doute
reproché votre péché de cruauté ?

— Douze fois! cria-t-il, car c'était la phrase par laquelle
la singulière créature exprimait le sens de fréquence. Et
je lui ai dit que vous l'aviez fait aussi — je m'en souve-
nais, ajouta-t il orgueilleusement — et elle a été contente.

— Alors, Felipe, dis-je, qu'étaient ces cris que j'ai
entendus la nuit dernière? Car assurément c'étaient des
cris de quelque créature en souffrance.

— Le vent, » répondit Felipe en regardant le feu.

Je pris sa main dans la mienne, à quoi, le prenant pour
une caresse, il sourit avec un éclat de plaisir qui fut près
de désarmer ma résolution. Mais je mis sous mes pieds
la faiblesse. « Le vent, répétai-je; et pourtant je pense que
c'est cette main (la prenant) qui m'a d'abord enfermé. »
Le garçon tressaillit visiblement, mais ne répondit pas
un mot. « C'est bien, dis-je, je suis un étranger et un
hôte; cela ne me regarde pas soit de me mêler, soit de
juger de vos affaires; pour ce qui en est, vous prendrez
l'avis de votre sœur, qui, je n'en doute pas, est excellent;
mais sans sortir de ce qui concerne les miennes, je n'entends être prisonnier de personne, et je demande cette
clé ». Une demi-heure après, ma porte était soudain
ouverte en claquant, et la clé lancée avec un tintement
sur le plancher.

Un jour ou deux plus tard je rentrais de promenade un peu avant le coup de midi. La Senora était étendue, plongée dans le sommeil, sur le seuil du retrait ; les pigeons dormaient au-dessous des lauriers comme des flocons de neige ; la maison était sous le charme profond du repos de midi ; et seulement un vent errant et gentil de la montagne faisait doucement le tour des galeries, murmurait parmi les grenadiers, et en remuait agréablement les ombres. Quelque chose de ce calme me gagna, et c'est avec beaucoup de légèreté que je traversai la cour et gravis l'escalier de marbre. Mon pied touchait le haut du palier, quand une porte s'ouvrit, et je me tournai face à face avec Olalla. La surprise me cloua ; son charme me frappa au cœur ; elle brilla dans l'ombre profonde de la galerie, gemme de couleur ; ses yeux s'emparèrent des miens et s'y cramponnèrent, et nous lièrent ensemble comme deux mains jointes ; et les instants que nous restâmes ainsi face à face, nous buvant l'un l'autre, furent sacramentels et le mariage de nos âmes. Je ne sais combien de temps s'écoula avant que je me réveillasse d'une extase profonde ; m'inclinant à la hâte, je m'engageai dans l'escalier supérieur. Elle ne bougea pas, mais me suivit de ses grands yeux altérés ; et quand je disparus il me sembla qu'elle pâlissait et blémissait.

Dans ma chambre, j'ouvris la fenêtre et regardai dehors, et ne pus concevoir quel changement était survenu à cet austère champ de montagnes, pour qu'il se mît ainsi à chanter et à briller sous le ciel sublime. Je l'avais vue Olalla ! Et les escarpements des rochers répondaient : Olalla ! et l'azur muet et insondable répondait : Olalla ! La pâle sainte de mes rêves s'était évanouie pour toujours ; et à sa place je contemplais cette jeune fille sur qui Dieu avait prodigué les plus riches couleurs et les plus exubérantes énergies de la vie, qu'il avait faite active comme un daim, svelte comme un roseau, et dans les grands yeux de qui il avait allumé les torches de l'âme. Le tressaillement de sa jeune vie, nerveux comme celui d'un animal sauvage, était entré en moi ; la force d'âme qui s'était exprimée de ses yeux et avait conquis les miens, s'épandait sur mon cœur et sautait à mes lèvres en chantant. Elle passait à travers mes veines : elle ne faisait qu'un avec moi.

Je ne veux pas dire que cet enthousiasme déclina ; plutôt, mon âme tenait dans son extase comme dans un château fort, et y fut assiégée par de froides et chagrines considérations. Je ne pouvais douter que je ne l'aimasse à première vue, et déjà avec une ardeur frissonnante qui

était étrange pour mon expérience. Qu'allait-il alors s'en-
suivre ? Elle était l'enfant d'une maison affligée, la fille
de la Senora, la sœur de Felipe ; elle le portait même dans
sa beauté. Elle avait la légèreté et la vivacité de l'un, vive
comme une flèche, légère comme la rosée ; comme l'autre,
elle brillait sur le fond pâle du monde avec l'éclat des
fleurs. Je ne pouvais appeler du nom de frère ce garçon
à demi fou, ni du nom de mère cette immobile et aimable
chose de chair, dont les yeux niais et le perpétuel sourire
me revenait maintenant à l'esprit comme quelque objet
hostile. Et si je ne pouvais l'épouser, quoi alors ? Elle
était désespérément sans protection ; ses yeux, dans ce
simple et long coup d'œil, qui avait été tous nos rapports,
avaient avoué une faiblesse égale à la mienne ; mais dans
mon cœur je la savais la studieuse de la froide chambre
au nord, et l'écrivain des vers de tristesse ; et savoir, cela
eût désarmé une brute. Fuir était au-dessus de ce que je
pouvais trouver de courage ; mais je fis vœu de circons-
pection vigilante.

Comme je quittais la fenêtre, mes yeux tombèrent sur
le portrait. Il était mort subitement, comme une chan-
delle après le lever du soleil ; il me suivait avec des yeux
peints. Je vis qu'il était ressemblant, et m'émerveillai de
la ténacité du type dans cette race à son déclin ; mais la
ressemblance fut absorbée par la différence. Je me souviens comment il m'avait semblé une chose inapprochable
dans la vie, une créature plutôt de l'art du peintre que de
la modestie de la nature, et je m'émerveillai à la pensée,
et exultai à l'image d'Olalla. J'avais vu souvent la beauté,
et n'avais pas été charmé, et je m'étais souvent approché de femmes qui n'étaient pas belles, excepté pour
moi ; mais dans Olalla tout ce que je désirais et n'avais
pas osé imaginer était réuni.

Je ne la vis pas le jour suivant, et mon cœur souffrit
et mes yeux languirent après elle, comme les hommes
languissent dans l'attente du matin. Mais le jour d'après,
quand je revins à mon heure habituelle, elle était une fois
de plus sur la galerie, et nos regards une fois de plus se
rencontrèrent et s'embrasèrent. J'aurais voulu parler,
j'aurais voulu m'approcher d'elle ; mais si fortement
qu'elle m'arrachât le cœur, m'attirant comme un aimant,
quelque chose d'encore plus impérieux me retint ; et je
pus seulement m'incliner et passer ; et elle, laissant mon
salut sans réponse, me suivit seulement de ses nobles
yeux.

Je savais maintenant son image par cœur, et comme je
me répétais ses traits de mémoire il me semblait lire à

même son âme. Elle était habillée avec quelque chose **de**
la coquetterie de sa mère, et de son amour de la couleur
positive. Sa robe, que je savais qu'elle avait dû faire de
ses mains, s'appliquait sur elle avec une grâce habile. A
la mode du pays, en outre, son corset était ouvert au
milieu en une longue fente, et là, en dépit de la pauvreté
de la maison, une pièce d'or, pendue par un ruban, repo-
sait sur son sein brun. C'étaient des preuves, s'il y en
avait eu besoin, de son innée joie de vivre et de son
charme individuel. De l'autre côté, dans ses yeux sus-
pendus sur les nues, je pouvais lire abîme sur abîme de
passion et de tristesse, lueurs de poésie et d'espérance,
noirceurs de désespoir et pensées qui étaient au-dessus
de la terre. C'était un corps séduisant, mais ce qui l'habitait, l'âme, était plus que digne de ce logement. Devais-je
laisser cette fleur incomparable se faner loin des regards
sur ces âpres montagnes ? Devais-je dédaigner le grand
don à moi offert dans l'éloquent silence de ses yeux. Il y
avait une âme emmurée ; ne devais-je pas briser sa pri-
son ? Toutes considérations à côté disparurent : fût-elle
l'enfant d'Hérode je jurai que je la ferais mienne ; et ce
même soir je me mis, avec un sentiment mélangé de
trahison et de déshonneur, à captiver le frère. Peut-être
le regardais-je d'un œil plus favorable, peut-être la pensée de sa sœur évoquait-elle toujours les meilleures qua
lités de cette âme imparfaite, mais il ne m'avait jamais
semblé si aimable, et sa ressemblance même avec Olalla,
tout en me contrariant, m'adoucissait pourtant.

Un troisième jour se passa en vain — vide désert
d'heures. Je ne voulus pas perdre une chance, et flânai
toute l'après-midi dans la cour, où (pour me donner une
contenance) je causai plus que d'habitude avec la Senora.
Dieu sait que c'est avec un intérêt très tendre et sincère
que je l'étudiais maintenant, et de même que pour Félipe,
pour la mère à présent je prenais conscience d'une crois-
sante ardeur de tolérance. Et pourtant je m'étonnais.
Pendant même que je causais avec elle, elle s'assoupit
dans un petit somme, et à présent se réveillait sans em-
barras ; et ce calme me donnait à réfléchir. Et de nouveau, comme je remarquais des changements infinitési-
maux dans sa posture, savourant et prolongeant le
plaisir corporel du mouvement, je fus conduit à m'étonner
de cet abîme de sensualité passive. Elle vivait dans son
corps, et sa conscience était toute enfoncée et disséminée
à travers ses membres, où elle habitait luxueusement.
Enfin, je ne pouvais m'accoutumer à ses yeux. Chaque
fois qu'elle tournait sur moi ces larges orbites belles et

insignifiantes, grand ouvertes au jour, mais fermées contre l'enquête humaine — chaque fois j'avais occasion d'observer les vifs changements de ses pupilles qui se distandaient et se contractaient au même instant — je ne sais pas ce qui m'arrivait. je ne puis trouver de nom pour le sentiment mêlé de désappointement, ennui et dégoût qui vibrait avec discordance le long de mes nerfs. J'essayai sur elle une variété de sujets, mais en vain; et enfin mis la conversation sur sa fille. Mais même là elle se montra indifférente, dit qu'elle était jolie, ce qui (comme aux enfants) était son mot le plus élevé d'éloge; mais fut absolument incapable d'une pensée au-delà; et quand je fis la remarque qu'Olalla avait l'air silencieuse, elle me bâilla en pleine figure et répliqua que parler ne servait pas à grand'chose quand on n'avait rien à dire. « On parle beaucoup, beaucoup », ajouta-t-elle, me regardant avec des prunelles distendues; et puis elle bâilla de nouveau et de nouveau me montra une bouche qui était aussi délicate qu'un joujou. Cette fois je saisis l'allusion, et, la laissant à son repos, remontai dans ma chambre pour me mettre à la fenêtre ouverte, à regarder les collines sans les voir, plongé dans des rêveries brillantes et profondes, et prêtant l'oreille en imagination, au son d'une voix que je n'avais jamais entendue.

Je m'éveillai, le cinquième matin, avec une vivacité qui me sembla délier le destin. J'étais sûr de moi, léger de cœur et de pieds, et résolus de mettre incontinent mon amour à l'épreuve de savoir. Je ne resterais pas plus longtemps sous les liens du silence, chose muette, ne vivant que par l'œil, comme l'amour des bêtes, mais à présent revêtirait l'esprit et pénétrerait les joies de la complète intimité humaine. J'augurai de lui avec des espérances sauvages, comme un voyageur pour El Dorado, dans cette inconnue et séduisante contrée de son âme. je ne tremblai plus de m'aventurer. Cependant, quand je la rencontrai, la même force de passion descendit sur moi et tout à coup submergea mon esprit; les paroles semblèrent tomber loin de moi comme un vêtement d'enfant; et je ne pus que m'approcher d'elle, comme l'homme qui a le vertige s'approche du bord d'un gouffre. Elle recula un peu quand je vins, mais ses yeux ne vacillèrent pas des miens, et c'est eux qui me leurrèrent en avant. Enfin, quand j'étais déjà à sa portée, je m'arrêtai. Les mots m'étaient refusés, si je m'avançais je ne pourrais que la serrer contre mon cœur en silence; et tout ce qui était sain en moi, tout ce qui n'était pas encore conquis, se révoltait contre la pensée d'un tel abord. Ainsi restâmes nous une seconde, toute notre vie dans nos yeux, échangeant des salves d'attraction, et pourtant résistant tous deux ; et puis, avec un grand effort de volonté, et conscient en même temps d'une soudaine amertume de désappointement, je me détournai et m'éloignai dans le même silence.

Quel pouvoir était sur moi, que je ne pouvais parler ? Et elle, pourquoi était-elle silencieuse aussi ? Pourquoi s'éloigna-t-elle avant moi, muette, avec des yeux fascinés ? Elait-ce l'amour ? ou était-ce une simple attraction brutale, sans pensée et inévitable, comme celle de l'aimant pour l'acier ? Nous ne nous étions jamais parlé, nous étions entièrement étrangers ; et pourtant une influence, forte comme la poigne d'un géant, nous draguait silencieusement l'un vers l'autre. Pour ma part, cela me remplissait d'impatience, et pourtant j'étais sûr qu'elle était digne ; j'avais vu ses livres, lu ses vers, et ainsi, en un sens, deviné l'âme de ma maîtresse. Mais de son côté, cela me refroidissait presque. De moi, elle ne connaissait rien que mon extérieur physique ; elle était attirée vers moi comme les pierres tombent vers la terre ; les lois qui régissent la terre la conduisaient, sans son consentement, dans mes bras ; et je reculais à la pensée d'une telle noce, et commençais à être jaloux de moi-même. Ce n'était pas ainsi que je désirais être aimé. Et puis je me mis à tomber dans une grande pitié pour la fille elle-même. Je pensai combien sa mortification devait être aiguë, d'avoir, elle, la studieuse, la recluse, ainsi confessé une présomptueuse faiblesse pour un homme avec qui elle n'avait jamais échangé un mot. Et à la venue de la pitié, toutes les autres pensées s'absorbèrent ; et j'aspirai seulement à la trouver, la consoler et la rassurer ; à lui dire comment son amour était entièrement partagé de ma part, et comment son choix, même s'il était fait aveuglément, n'était pas indigne.

(A suivre).

ROBERT-LOUIS STEVENSON.
Traduit par Alfred Jarry.

Rondel

à Fernand Gregh

M. le professeur René Doumic vient
de publier dans la Revue des Deux-
Mondes un article sur Paul Verlaine
où il dit que notre grand poète, a
seulement écrit, et dans *une langue
qu'il ne sait pas, des calembours, des
jurons, des ORDURES, des non-sens,
tout le bavardage, tout le radotage,
tout le fatras., etc, etc.*

*Doumic veut tuer Verlaine!...
C'est vrai scandale public
De le voir tel un aspic
Le mordre jusques à l'aine.*

*Triste triangle scalène
Qui boite et ne tombe à pic
Doumic veut tuer Verlaine!..
C'est vrai scandale public:*

*Coups de férule ou d'alène
Seront vains ; mais nunc et hic
Verlaine a tué Doumic.
Non ! rions à perdre haleine :
Doumic veut tuer Verlaine !...*

Février 1901   LÉOPOLD DAUPHIN.

Pastels en prose

L'ADIEU AU SOL NATAL — BRUMES D'OCTOBRE

Voilà le départ venu, à l'improviste : Partir, Un poète a dit ce que c'était mieux que moi : « Partir, c'est mourir un peu » et celui-là, véritablement, a senti et souffert toute l'angoisse ramassée dans ce mot : un mot si court !

Ce matin j'étais allé par les champs, sous la pluie tombante, dans l'épais brouillard enveloppant.

J'étais allé pour l'adieu définitif, pour le revoir suprême de toutes les choses vivantes nées dans le sol, et, je n'ai rien vu que des silhouettes et des ombres, un fantôme de paysage enlinceulé et lointain, perdu sous l'ensevelissement impénétrable et lourd, sous la brume dense...

C'est la mort transitoire des choses ; un linceul blanchâtre et illimité, sans aucun charme, ni lueur, tout simplement morne et désolant s'est abattu du ciel sur la terre pour faire sur elle une nuit livide et sépulcrale. moite, sans nulle clarté furtive d'étoile ; une nuit étouffante, qui amortit jusqu'aux bruits, jusqu'aux voix, et dans la solitude grise j'entends seulement le tapage cadencé du vent dans les branches, la complainte affaiblie de la mer invisible et le roucoulis mourant, des goélands épars.

Tout est atone et confondu, tout apparait comme à travers une vitre trouble et dépolie ; tout est sans vie et sans couleur...

C'est l'affreuse mort plus triste que l'adieu, car les détails réels des choses sont plus passés, et plus déteints que dans l'imparfaite résurrection tentée par le souvenir.

Les verts sont fanés, et les jaunes ont de vitreuses moiteurs glauques.

J'erre maintenant par le bois, les arbres grelotent dans le ciel agité et lourd; Où sont leurs feuillages du printemps ?

Par terre, sont roulées dans la boue les feuilles trouées et déverdies, déchiquetées comme des haillons de pauvre et piétinées longuement par les averses rageuses.

Seuls les houx éternels ont gardé leur persistante verdure intense et les voici triomphalement souverains dans les dessous jaunis des hautes futaies ; leurs fruits vermillonnés luisent comme des yeux sanguinolents ; les feuilles crochues ont des sourires, d'horribles sourires victorieux : oh la grimace ironique et méchante des houx éternels et diaboliques !...

POUR UNE FLEUR DE BRUYÈRE

Dans un chemin de Bretagne, creusé aux flancs mousseux d'une colline, nous avons cueilli une fleur de bruyère.

Au bord de la tige élégante et gracile où les feuilles essaiment leur fin chapelet d'écailles vertes, s'ouvrait le bijou rose des corolles.

Il y en avait quatre ou cinq, et c'était une pièce légère et frêle de précieuse orfèvrerie végétale.

Chaque corolle était arrondie comme un fruit mûr d'églantier, mais oblongue et creuse ainsi qu'une amphore minuscule.

Nulle étoffe en satin clair, nulle soie, nulle gemme n'aurait été ni plus satinée! ni plus soyeuses.

Elles avaient — les roses corolles — la fraicheur humide du pétale de rose, mais un pétale de rose eût semblé lourd près de ce bijou frêle, diaphane, mol et charnu.

Et chaque amphore minuscule portait à ses flancs fragiles toutes les nuances du rose ; c'était, vers la terre humide le rose des joues innocentes qui s'empourprent; mais du côté de la lumière et du grand ciel, ce rose se décolorait, s'apâlissait jusqu à devenir infiniment tendre, presque subtil, d'une pâleur d'églantine mourante...

Vous étiez, fleur solitaire, toute pareille à une vierge fraîche de santé et de jeunesse, pure d'innocence et rose de pudeur.

Du creux de vos rondes corolles, aux tons délicats de chair vivante et jeune, émergeait à peine l'étamine brune.

Et il m'a semblé que chacune d'elle était un sein virginal, qu'elles étaient gonflées d'un lait nourricier et subtil.

Mais quel lait pur et quintessencié aviez-vous distillé au cœur de vos corolles ?

Un lait qui était une rosée nourricière et féconde comme le miel, mais blanche comme l'argent que les matins sèment aux prés verts.

Dans la mousse du talus, vous aviez l'air, fleur solitaire et virginale, de tendre à nos bouches altérées le lait pur et réconfortant de l'Idéal.

LE DOUX CARILLON DE LA FORÊT

Autour de nous, une formidable enceinte de troncs violets et de rouges feuillages ; les hauts massifs épais des pins prennent des airs épiques, et dressent en ce décor décadent de forêt leur prestige de verdoyantes citadelles.

Sept larges trouées d'ocre pâle font brèche dans leurs rangs hautains et sévères ; c'est ici l'aboutissement des sept routes qui rayonnent à travers l'énorme futaie; elles convergent avec une symétrie artificielle et semblent les bras démesurés d'une croix immense au cœur agonisant de l'immense forêt.

Nous entendîmes un murmure, tintinnabulant, harmonieux et léger; il paraissait venir de très loin et traverser l'épaisse muraille jaunissante des taillis et des grands arbres : c'était comme le gazouillis d'une rivière courant sur les cailloux et l'or clair des graviers : vibration argentine, obsédante et ouatée, chant musical et doux qui passait, mourait puis ressuscitait sur un mode idéal et charmeur.

Nous écoutions, immobiles le carillon doux de la forêt.

Cependant, nos yeux, malgré nous, fouillaient les dessous des bois où novembre avait flétri, puis enluminé jusqu'à l'outrance les feuillages.

Nous percevions maintenant un bruissement plus clair de sonnailles, le timbre plus net et plus vibrant de clochettes de cuivre et le mystère, soudain, de ce chant nous fut révélé.

C'était la rentrée des vaches alourdies de pâtures et grisées d'arômes campagnards.

Nous vîmes s'avancer dans la rousseur enveloppante du paysage la troupe lente des vaches rousses comme lui.

Le soleil, — un soleil incapable, paresseux ou fatigué, — traversait les cimes à demi-défeuillées des hêtraies et les fourrés verts des houx immuables.

Ses rayons venaient peindre de taches ovales, claires et blondes, l'échine raide, sinueuse et affaissée des vaches somnolentes ; ils peignaient le museau, puis le cou d'où les fanons pendants flottaient comme une lourde étoffe. puis, ils fuyaient pour reparaître sur le ruban jaune de la route et pour éclairer ensuite le museau, le cou, l'échine de la bête toute pareille à l'autre et qui suivait. Maintenant les bonnes vaches rousses au pas flâneur et nonchalant s'avancent vers nous et pénètrent dans la puissante enceinte des pins gigantesques. Chacune porte, pendue au cou, une petite clochette de bronze vert-de-gris : nous écoutons encore carillonner la voix cristalline qui semble sortir, comme un abois grêle plaintif et caressant, d'une petite gueule en métal qui palpite et qui vibre.

Le troupeau roux lentement continue d'aller, il s'achemine à travers l'étoile élargie des sept « lignes » convergentes et s'attarde à flairer l'herbe qui s'espace en triangles encore verts, le long des talus mousseux et circulaires, aux pieds des pins.

L'une s'arrête, curieuse, puis évente d'un souffle bruyant et inattendu l'herbe rose du sol.

Une autre, intimidée par notre présence, nous jette un regard stupide et effarouché, d'autres enfin — les braves — conservent l'allure majestueusement pacifique du dédain et de l'indifférence.

Et chacune des petites clochettes continue de sonner son appel grêle et pitoyable qui a l'air, maintenant si près, d'être un glas enfantin et désolé pour un enterrement de poupée...

Le troupeau, musard, achève de passer, toutes les bêtes balancent en cadence leur tête trop lourde qui oscille avec la régularité monotone d'un pendule et ce mouvement automatique et involontaire me rappelle ces minuscules vaches en carton feutré, dont la tête branle et s'agite, suspendue au creux du cou vide par l'artifice d'un crochet.

Maintenant toutes les croupes se sont retournées et nous voyons, par derrière, l'arête anguleuse et affaissée de toutes ces échines en triangle qui s'abaissent et se soulèvent d'une même allure lente et rythmée.

Les petites clochettes avertisseuses continuent leur glas menu d'enterrement de poupée, puis leurs tintements peu à peu se confondent et se mêlent; l'on reconnaît parfois le grelot plus sonore des bêtes fuyantes ou pressées; mais déjà toutes ces voix argentines se fondent et s'agrègent pour redevenir un murmure, tintinnabulant et léger, un gazouillis délicieusement bruisseur de rivière courant sur les cailloux et l'or clair des graviers...

RENÉ VILLARD

Les Images et les Idées

M. Saint-Georges de Bouhélier : *La Tragédie du nouveau Christ* (Fasquelle) — *La belle Dame sans merci*, d'Alain Chartier, notice de M. Lucien Charpennes (Les livres d'autrefois) — M. Pierre Custot : *Midship* (Ollendorff) — V. Hugo : *Lettres à la fiancée* (Fasquelle).

M. Saint-Georges de Bouhélier a subi, très jeune, le déchaînement d'une critique, sinon malveillante, assurément impitoyable, et l'admiration emphathique autant que maladroite de quelques jeunes hommes qui s'évertuèrent à trouver, dans ses premiers écrits, une formule toute faite. M. de Bouhélier a dû souffrir de ces deux excès, — quoiqu'il ait eu l'air de s'y complaire. La *Vie héroïque des aventuriers, des poètes, des rois et des artisans*, prêtait, par sa puérilité ambitieuse, aussi bien au sourire des uns qu'à l'extase docile des autres. *Églé ou les concerts champêtre*, inquiétèrent certains poètes, non par leur hardiesse d'images ou leur témérité d'idées, mais plutôt par leur prolixe vacuité. Il ne fut point jusqu'à *la Route noire*, paru ces temps derniers, pour susciter des mépris indulgents et d'amusants sarcasmes. Il est juste d'ajouter que, sur ces livres, pesait encore, d'un poids lourd, le ridicule de quelques manifestes trop personnels dont M. de Bouhélier n'était peut être pas tout à fait seul responsable. Cette appréciation de naturisme de l'auteur de l'*Hiver en méditation*, touchant ses premières œuvres, me laisse donc toute liberté d'écrire, à propos de la *Tragédie du Nouveau Christ*, ce qu'il persiste, dans ces pages — d'humanité, d'art et de beauté.

M. Saint-Georges de Bouhélier a donné à son œuvre la forme dramatique. « Elle attribue aux héros, nous explique-t-il, une vitalité excessive qui les précipite sans cesse d'un acte à l'autre. Elle crée des rencontres de pensées à tout moment. De plus, elle fournit plus qu'aucun autre art des prétextes de réjouissances, des déploiements de faste et de magnificence. C'est par là que le théâtre me semble destiné à devenir une sorte de temple retentissant et satirique, dans lequel seront célébrées les fêtes de l'Homme. En tout cas c'est pour cette raison que j'en ai emprunté la forme ». Il faut savoir gré à l'auteur, de ce choix ; il a réussi des groupements de foules d'une vitalité parfaite, situé les personnages dans le naturel des réparties, assurément mieux que ne l'eût pu faire telle description superfétatoire. Aussi les indications en marge de dialogue restent-elles accessoires, et l'auteur s'est-il ingénié à les rendre telles, avec une sobriété inattendue. Dans la première partie, ceux que Christ veut ressusciter, se dessinent, en traits sûrs, les types variés d'une humanité basse, où Christ apparaît, dans l'imprécision de son rôle de rédempteur. Puis, Christ repoussé par les siens est sans pitié; ce sont les pages les plus émouvantes et les plus gonflées d'humanité... L'agonie de l'enfant sous les yeux de la Mère.,. « Aie donc plus de calme à présent, dit Nathalie, parce que ce ne seront tes cris qui arrêteront la marche réelle des destinées ». — « Tu es bien sage, répond la Mère... Mais, moi, je n'ai point de raison... d'ailleurs ce n'est pas ton enfant qui est malade... »

Avec la colère des Pauvres, la *Tragédie* se précise, s'accentue, se précipite, effarante de mystère et de réelle beauté. Vers la ville en fête. bourdonnante de joies, les Compagnons du Nouveau Christ sont descendus ; ils ont d'abord essayé le baume des vaines paroles; puis la colère a gagné le plus impétueux d'entr'eux... — C'est un ennemi de la nation ! vocifère la foule. Mais contre l'enseignement même du nouveau Christ, ses compagnons estiment « qu'à la haine correspond la violence »., Et c'est par la violence des attentats qu'ils vont répondre à la haine du nombre. A la ville en fête succède la ville de désolation. La Bourse, la Cathédraie et la Caserne qui symbolisent, sous leurs trois apparences, trois des formes de l'asservissement, sautent, dans un embrasement formidable. Que d'admirables pages dans ces deux parties. les plus somptueuses du livre ! — Belle fin de fête ! s'écrie l'aveugle. — Qu'est-ce que ça nous fait que la Bourse soit détruite, répond le manchot : — Les grabataires ont leur revanche. Mais les compagnons ont fui et, comme ajoute le Préfet impuissant, « ils ont des pieds capables de les porter au loin, à travers la durée et la distance ».

La sixième partie de la *Tragédie*, où Christ trahi dans son esprit se sent responsable, est peut être la moins heureuse. Il y règne, d'un bout à l'autre, une confusion d'idées et d'images, où la théorie du Christ ne prévaut pas, comme l'eût souhaité l'auteur, sur la violence de ses compagnons. Une hésitation continuelle dans la pensée rend amorphe cette partie qui eût dû être le point culminant de l'œuvre. « Il n'y a pas de vérité ! s'écrie véhémentement le Christ »... Et il ajoute immédiatement, à l'adresse des anarchistes.,. « Votre esprit est faux, inaccessible à la sagesse et dans l'impossibilité de rien concevoir, de découvrir par vos organes la vérité... »

La résignation finale du Nouveau Christ et de cette admirable Marie la Pouille, complète heureusement tout ce que l'ensemble d'un pareil livre a de vraiment grand. L'ampleur de l'œuvre ample et multiforme, auguste par sa conception et sa réalisation harmonieuse, m'interdit de critiquer la forme où M. Saint-Georges de Bouhélier, malgré de louables efforts, reste encore, parfois empêtré. Les pages fourmillent d'amphigouriques dénominations, comme celle-ci pour désigner le corps humain, « une masse mal sculptée et sanguine.,. » L'auteur se ressouvient, par moments, des méchants poèmes d'autrefois, jusqu'à nous dire en prose, sans oublier la rime (p. 235).

Qu'y a-t-il de commun entre un homme et un chien ?
Rien de plus qu'entre vous et moi, c'est bien certain !

Mais ce sont là scories qui disparaissent dans la masse imposante. Et il m'a semblé, qu'avec cette *Tragédie du Nouveau Christ,* — encore que l'inutile préface rappelle les boursoufflures des manifestes désuets, — M. Saint-Georges de Bouhélier venait d'écrire *son premier livre,* et, ce qui est à considérer, son premier beau livre.

Mais voici une préface qui n'en est pas une et, par cela même, m'a intéressé. La notice dont M. Lucien Charpennes (alias William Craggs) a fait précéder la réédition de *la Belle Dame sans merci,* d'Alain Chartier, est alerte et claire, ce qui est bien. Elle n'est peut-être pas exempte d'erreurs ou d'omissions, mais l'auteur a voulu faire œuvre de vulgarisateur, et il a rendu son petit livre exempt de pédantisme, ce qui est mieux. Le célèbre poème d'Alain Chartier n'avait pas été réédité depuis l'édition Duchêne de 1426. M. Charpennes a rempli cette tâche avec soin et avec goût.

« Alain Chartier, écrit-il, est un terrain mouvant sur lequel il convient de s'engager avec prudence. D'éminents romanistes, en effet, renouvellent chaque jour un sujet qui est loin d'être épuisé. Mais s'il y a de la témérité à envisager le poète de la *Belle dame sans merci* en même temps que les Gaston Pâris, les Paul Meyer, les Heuckenkamp, on peut dire aussi que parfois telles audaces furent méritoires et fécondes pour avoir attiré l'attention de savants illustres sur une matière délaissée ou sur un point oublié de cette matière. »

Je souhaite que féconde, puisque méritoire, soit l'audace de M. Lucien Charpennes, tout en regrettant qu'une œuvre de vulgarisation. encouragée d'ailleurs par une société savante, ait toutes les apparences de rester lettre-morte, puisque tirée à petit nombre d'exemplaires. Il y a là une contradiction entre le but à atteindre et les moyens propres à un résultat — contradiction dont je ne veux pas rendre responsable l'aimable érudit qu'est l'auteur.

Je n'ai pas l'âge où le bon Villemain disait : « Maintenant je ne lis plus, je relis ». Et après les strophes cadencées et concises de Maistre Alain, il me faut m'arracher au plaisir de relire, — pour lire. Et pour lire M. Custot. M. Pierre Custot est un débutant; c'est un débutant malheureux. Son premier livre, *Midship*, au titre un peu mystérieux, ne contient nul mystère. C'est une suite de nouvelles incohérentes et désordonnées. C'est d'abord *Midship* (terme employé par les officiers de marine pour désigner un aspirant de 1re classe), où l'auteur parle de l'opium, comme les lycéens de quinze ans, déjà blasés, causent de l'amour — entr'eux! C'est aussi : *l'Abbé Boisumeau, l'Ane du frère Bernardin, M. Narcisse*. L'auteur a lu Maupassant — sans rien en retenir. M. Custot a lu, de même, Flaubert, — sans comprendre ; et c'est pourquoi il a écrit Thétio... Ce n'est même pas insuffisant!... Quand l'aurore se lève, vers les 5 heures du matin, M. Pierre Custot appelle ça... « les feux crépusculaires..! » Quelques-uns de ses héros parlent un patois de leur pays. Il serait préférable que l'auteur s'appliquât à écrire en français. M. Custot a, dans son écriture, des impropretés de tenues tout à fait réjouissantes et il allie, non sans un certain charme, à une absence complète de style, une outrecuidance littéraire qui déconcerte... M. Custot est un débutant malheureux.

Un autre débutant — plus heureux — c'est le Victor Hugo des *Lettres à la fiancée* (1820-1822). Un Hugo de dix sept ans, élégiaque, joli, précieux et guindé, plein de mièvreries fraîches et de puériles sentimentalités... Petit roman amoureux d'un petit René, déjà tumultueux et déjà orgueilleux de l'orgueil à venir.

« Pèse toutes ces paroles, tu y trouveras, Adèle, un « amour profond, et si tu m'aimes aussi, tu en seras « joyeuse. *Je t'envie quelquefois d'être aimée comme je « t'aime*. Toi, tu m'aimes beaucoup, voilà tout! »

Les *Lettres à la fiancée* n'ajouteront rien à la gloire du poète, mais c'est un recueil presque nécessaire, au point de vue document, en tous cas bien plus intéressant que les ràclures de tiroirs servies jusqu'ici comme œuvres posthumes.

ALBERT BOISSIÈRE.

« OCCIDENT »

ESSAI CRITIQUE SUR LES POÈMES DE Mme DELARUE-MARDRUS

> Il y a autant de beautés qu'il y a de manières
> habituelles de chercher le bonheur.
>
> STENDHAL

> Chaque nouveau don que jereçois de tes
> mains, Seigneur, est plus beau que le précédent,
> et me vient même avant son désir.
>
> LES MILLE NUITS ET UNE NUIT

Après les délicats sourires, les rires énormes de l'Orient
voici les soupirs justes, les larmes précieuses de l'Occident.

J'ai pris le livre blanc. Le visible s'est tu, et la matière
de ma vie s'est, durant tout un jour, modelée sous les
doigts d'une Muse, hier inconnue, Madame Lucie Delarue-
Mardrus. Il faut faire le silence au fond de soi pour y
laisser tomber ces grandes plaintes occidentales. Si l'on
n'est pas en état de grâce spirituelle, on ne comprendra
rien à ces hymnes où l'âme se confronte à la mer, où les
poëmes enserrent l'enfer comme le ciel. C'est un cœur de
femme qui se donne et se reprend, qui se ferme et se re-
donne, c'est une chair de femme que les voix du large
labourent, que pare l'incarnat du sangenivré de parfums,
c'est un visage accablé de tendresses, c'est une bouche
qui domine de son timbre exalté les clameurs de la ville
et les orages des bois. Malheur à celui qui, moins ingénu
que Thalès, ne sait plus que tout est plein de dieux ; il
n'est pas digne d'écouter le chant d'une femme. Le livre,
lourdement, lui tombera des mains.

Il aura, dès les premières pages, vu des poules, une
ferme, les mottes et le pain ; il n'aura pas compris de
quels sublimes sanglots ces simples choses sont l'écho.
Car le monde n'est pas senti, aimé, il est dévoré par le
feu de cette intelligence, il se transfigure à travers ce
sang passionné, il roule en torrents de réalité, il chante !
Le monde, ici, ne relève que d'une âme, il a sa cause en
elle, il est libre dans ses désirs, ordonné dans sa liberté,
déchaîné dans son ordre, il chante !... Depuis que nous
l'attendions !

Il fallait rester femme en s'emparant de la lyre de
l'homme. La femme a l'entendement comme l'inspiration.
C'est peut-être vrai : « La femme parfaite est un type

plus élevé de l'humanité que l'homme parfait » en tout cas « c'est quelque chose de plus rare (1) » ; Mais pour contempler un instant les parfaites adolescentes du roi Omar, qui ne donnerait jusqu'à son dernier morceau de pain?... Qu'on ne me parle plus de l'éplorée Valmore : elle ignorait Wagner, elle ignorait Monet, Rœdfern et Mallarmé.

Celle-ci, je la devine parée de modernité, mais, sous les plis égaux de ses grandes robes, portant une âme en feu comme la mer où Midi brûle. C'est :

> *«... Carmen blême de tragédie*
> *« Intime, les deux yeux décorés d'incendie,*
> *« Tout le sanglot, tout le sursaut, tous les frissons,*
> *« Et le vent furieux rebroussant les moissons...*

ou plutot, s'il est vrai que ce cœur tout entier batte entre les pages blanches de cet unique livre, écoutez-en jaillir.

> *Comme un rythme incessant la vie universelle.*

Ivresse, puissance du verbe, elle en connait tout le mystère, l'Occidentale! Elle a entendu « Prodicus faire mille et mille distinctions entre les mots (1) ». Soit, donc, elle donne aux mots le sens qu'il lui plaira d'entendre; il suffit que son âme les définisse du moment qu'elle les emploie. Les mots la désirent comme des êtres vivants; ils se précipitent vers elle, et elle les unit à son idée ou les repousse, suivant son dédain ou sa compassion. C'est le secret de la sagesse poétique, que cette jeune femme a découvert. Il y en a tant qui veulent être consolés, il y en a tant que la soif de l'Infini tourmente! L'art peut être la forme excellente de la charité. L'intègre adolescente aurait honte de tout effort sans contact avec la beauté, mais ces travaux de l'Amour de Dieu qui sont la poésie, la joie et la musique, voilà ses occupations et ses actes. A pleines mains, elle nous fait ces dons.

Ce sont les seuls qui lui soient propres. Elle sait, la savante ingénue, que tout ce qui n'ajoute rien à la beauté du corps, du vêtement, de l'âme, lui est nuisible, lui demeure étranger. Elle a gagné ainsi le ciel intérieur. Cette seule contemplation eut pu faire son bonheur. Mais, de communiquer aux autres le frisson de l'être insondable, elle a fait son divin supplice. A travers les beaux cris sensibles, elle a voulu traduire les essences intelligibles et nous donner ainsi l'horreur sacrée des Formes découvertes. Pourpres du soir, sanglots de la mer, déchirements du vent, tristesse de la terre, vous êtes passés en elle. O

(1) Frédéric Nietzsche, *Humain, trop humain.*

lyre de Sapho, la sombre étendue ruisselle dans tes cordes avec le cri des astres. Et les hommes sans feu, comme avant Prométhée, continueront à croire, au-dessus de leur tête, que les cieux sont muets et que les vides espaces ne vomissent que les ténèbres. Une vierge a pleuré, ils n'ont rien entendu.

Et puis, s'il faut tout dire, avant le sentiment subit — *qui l'a, dans la vie, située* — de voir la courbe de son passage ici s'enlacer à la certitude d'un roi fort, son être, qu'envahissait la sécheresse des hasards, ne pouvait se défendre du sort qu'en l'insultant parfois d'un désespoir sans ordre et ce furent les occasions de blasphèmes admirables résolus pour notre joie en chants, en sanglots sans équivoque :

> *... Tu lèveras des yeux remplis de suicide*
> *Et des bras déjà fous du geste de la mort....*
> *.... Je le hurle, je le déclame,*
> *Dans le vacarme affreux que font ces flots vivants,*
> *Dans la rage des quatre vents :*
> *« Le tourment de la mer est au fond de mon âme! »*

C'est là un des aspects d'*Occident*. Il en est d'autres moins tourmentés, et qui voisinent avec les aériennes *Chansons des rues et des bois*, si nous venons de sentir sous une réalité neuve les angoisses de Beaudelaire et la révolte de Vigny. Mais puisque c'est un livre qui vit comme un organisme qu'affinent même ses maladies, il faut en suivre le développement logique. Et c'est d'abord *En plein vent*, l'âme qui se répand, savoureuse et riche. Le Printemps est là! Les brises baisent un bloc d'amour lisse et fragile, vivante statue nourrie d'eurythmie et d'air fou.

O sèves! c'est vous qui rodez dans cette chair jeune, ce corps lucide, ce cœur transparent. Refuges dans les champs, O nuages, clairières! Il y a dans toutes ces strophes estivales, la sensation unique jusqu'ici, parce qu'enfin exprimée mystérieusement, sans brutales lignes d'une adorable jeune femme moderne, dont la robe est pareille aux plantes, que la nature païenne entoure sans discordance avec la vêture légère, l'ombrelle en dentelles la toilette.

Et personne ne doit négliger, pour s'enivrer de ces suavités, de cet ardent héroïsme tendre, diffus et sur l'époque conquis, l'affirmation aussi de toute cette première partie du livre: «Aimez votre terre...» Ces poëmes sont nourris d'air normand.

(1) Platon, *Charmide ou de la Sagesse.*

La mer gronde « caressante et brutale », dans *l'Ame et la Mer*. Elle « fracasse les rochers roulés sous sa meule » Elle envahit de sa marée l'être béant qui la contemple. Les ombres sur les flots batissent une mouvante capitale. Et quand l'heure tombe « sa lumière demeure »

Comme une grande perle entre les arbres noirs.

L'âme en démence a mal de se sentir pareille aux farouches marées. La grande voix de la mer se dresse dans l'espace comme une trombe de lumière et à pleine voix aussi, la poëtesse entonne alors l'hymne marin selon « l'incorruptible rite ».

L'âme fidèle, inguérissable du mal de ne pouvoir se taire, a retrouvé l'amie éternelle :

Toute seule devant ton flot pendant des heures,
Je voudrais promener mon silence anxieux
Et puisqu'il n'est jamais de larmes dans mes yeux
M'écouter longuement pleurer lorsque tu pleures
Ou bien, parmi la nuit, le fracas et le vent,
A l'heure où la tempête est à son apogée,
Crier en toi, sauvage, affolée, enragée,
Les cheveux dénoués et les poings en avant.

Et viennent les *Paroles*, meurtrières, désabusées, terribles et profondes, religieuses, décisives, mystérieuses, dont on ne parle pas, qu'il faut murmurer bouche à bouche avec l'Etre ou le Néant, — vient Paris formidable et gouailleur, — vient le livre encoléré, bondissant, joyeux. qui se joue de notre cœur dans notre poitrine, de notre raison sous notre crâne, de notre infini dans nos limites. Prenez l'élégant volume. déroulez les bandelettes sacrées. Les sombres portes se déchirent, les sphinx brûlent dans le temple du monde, Isis passe en costume occidental.

Baudelaire l'avait prophétisé : « Au vent qui soufflera demain, nul ne tend l'oreille ; et pourtant l'héroïsme de la vie moderne nous entoure et nous presse. Nos sentiments vrais nous étouffent assez pour que nous les connaissions. Ce ne sont ni les sujets ni les couleurs qui manquent aux épopées. Celui-là sera le peintre, le vrai peintre, qui saura arracher à la vie actuelle son côté épique. et nous faire voir et comprendre combien nous sommes grands et poëtiques dans nos cravates et nos bottes vernies. Puissent les vrais chercheurs nous donner l'année prochaine cette joie singulière de célébrer l'avènement du *neuf!* ».

Les vrais chercheurs, ô caprice ! c'est, cette fois, pour ouvrir le siècle neuf, une femme de vingt ans.

Joachim Gasquet.

Chronique Dramatique

Théâtre Antoine : « Les Remplaçantes », comédie en trois actes de M. Brieux. — Théâtre du Gymnase : « Le Domaine », comédie en trois actes de M. Lucien Besnard.

M. Brieux est hanté par les grands sujets ; il attaque l'instruction laïque (Blanchette), la charité bourgeoise (les Bienfaiteurs), les médecins (l'Evasion), les magistrats (la Robe Rouge) ; il est courageux avec habileté, et tout à la fois révolutionnaire avec prudence et réactionnaire avec hypocrisie ; il enfonce les portes grandes ouvertes, crie : « Au feu ! » lorsqu'il est trop tard ; mais comme il parle à l'avant-scène, le public entend naturellement sa voix et crie : « Bravo, pompier » ; il a des idées générales qui sont celles de tout le monde, et tout le monde lui est reconnaissant de cette ressemblance intellectuelle. Prud' homme, assis sur son fauteuil, se penche vers madame, murmure à son oreille : « Ecoute ce que dit M. Brieux ; te souviens tu que l'autre jour j'ai dit la même chose ». Un auteur si sensé, puisque ses idées sont celle de M. N'importe qui, et que ses hardiesses ne sont que des « répétitions », mérite d'être applaudi, et il l'est. Et voici M. Brieux consacré grand homme dans les coulisses, puisqu'il est « le faiseur de recettes ».

Convient-il que Bébé pose sa mignonne bouche sur le sein maternel, dont l'extrémité ressemble plus alors à un goulot de biberon qu'à un bouton de rose ? Maman doit-elle abandonner le lit conjugal pour donner son temps et ses forces à son nouveau soi même. Le lit est l'ennemi du berceau, la maternité tue l'amour quelquefois, souvent même ; et le tout est de savoir si la femme est plus mère qu'amante.

Une femme mercenaire, dont on achète le lait ainsi qu'on en achète à la crémerie voisine, peut-elle, après visite minutieuse du docteur, remplacer la mère ? Mais cette femme a un enfant, que deviendra-t-il ? Il mourra, ou, mal soigné, il deviendra rachitique, si ce n'est pire. M. Brieux nous montre des paysans trafiquant des mamelles de leur épouse, en vivant comme d'autres, à Paris, vivent de la beauté de leur associée. Ces paysans sont nettement dessinés, ils parlent le charabia à merveille, comme M. Brieux lui-même. Ils sont ignobles avec inconscience et conviction. Le deuxième acte est, ou plutôt a l'intention d'être de modernité, de légèreté et d'esprit. Ce n'est pas un salon que M. Brieux met en scène : c'est une boutique. Des pécores y débitent leur intelligence, et le docteur Richon, son éloquence.

Il y a là un discours sur la dépopulation, lequel, écrit par un élève de rhétorique, attesterait que, fort probablement, il sera reçu à la fin de l'année à son baccalauréat.

Car, dans cette pièce, nous retrouvons le bon docteur de campagne, simple, honnête et savant, et le méchant docteur mondain, celui qui passe son temps à faire des visites que l'on ne paie pas, dans l'espoir qu'un jour, sans doute, on rémunérera ses déplacements : Ressouvenir de l'*Evasion*.

Le troisième acte est un vaudeville écrit en patois. Tout de même le français est une jolie langue! Je n'ai pas la prétention de faire une découverte en écrivant cette phrase; cependant cette constatation n'est point, en l'occurence, aussi puérile que vous le pensez.

Mlle Suzanne Desprès n'est pas une nourrice idéale : ses dessous de corsage manquent d'ampleur. Antoine a une belle conviction en le rôle du docteur Richon. Bour maquignonne les glandes laiteuses avec une roublardise toute champêtre, et le reste de l'interprétation est parfait à part les petites dames du deuxième acte, qui ont l'air fort étonné d'être en scène. Nous partageons leur étonnement.

Les Remplaçantes auront un gros succès; les femmes se passionneront, discuteront cette thèse facile de l'allaitement; chacune rappellera ses souvenirs...

« Moi je n'ai pas nourri parce que... ». « Figurez-vous que j'étais jalouse de la nourrice! »... et comme chacune aura ainsi un prétexte à parler d'elle-même, de ses enfants et de son mari, toutes iront entendre la comédie de M. Brieux.

Le Gymnase, second théâtre Antoine, représente des pièces sociales et même socialistes, il accueille les jeunes auteurs, après les Escholiers. Félicitations.

Le duc de Marbois-Grandchamps est un gentilhomme point trop fossile; il serre la main aux républicains quand ils sont honnêtes; il y en a, même à son avis; il ne respecte les prêtres, ou du moins certains prêtres, que par tradition; et s'il a le regret du passé, il est capable de s'intéresser au présent. Sa fille Élisabeth est charmante, elle est discrètement amoureuse et rêveuse, elle aime les vieux parchemins, son château, ses arbres, le soleil qui baigne tout le coin de nature qui appartient aux Marbois-Grandchamps, et qui, évidemment, est « son soleil », de même que le ciel qui coiffe son parc est son ciel. Et en souvenir du duc qui meurt à la fin du deux, et en pitié de l'autre, délicieuse en robe de deuil, malgré que le reste de la famille soit de la lie — un marquis qui s'endette, et un comte, brute qui passe sa vie à chasser au sanglier, — nous ne sommes point avec les révoltés, au troisième acte. Nous sommes alors « conservateurs » malgré nous. Les Marbois-Grandchamps ruinés, le Domaine deviendra propriété communale ; on s'y amusera ferme le dimanche : parties de boules, de tonneau, de crocket et de baisers.

Mais ce qui me ravit en le talent de M. Lucien Besnard, c'est le don de créer une atmosphère, de faire de la vie. Les officiers qui suivent la chasse à courre disent de petites choses puériles, bébêtes, ils ont tous un esprit identique, celui qu'apprécie leur général : celui de discipline. En quelques phrases, ils nous ont prouvé qu'ils sont de brillantes nullités. Et la silhouette de l'abbé Renou me plait infiniment ; ce prêtre n'est point proche parent de l'abbé Constantin, il fait de la boxe et du chausson devant l'autel, se sert de l'ostensoir comme d'un coup de poing américain, met le bon Dieu sur la place publique et croit que le paradis se trouve dans les urnes électorales.

Mademoiselle Andrée Mégard possède une délicieuse collection de sourires, elle en a de mélancoliques, de navrés, de hautains, de condescendants, et sous ce sourire, ses dents éblouissent comme une rangée de perles que l'écrin rouge des lèvres laisse parfois entrevoir. Gémier est un grand acteur ; Noizeux, Arquillière, Janvier, Courtès, Frédal, Séruzier, Damery, ont tous du talent.

René Wisner.

<hr>

Exposition Ten Cate

A deux pas de l'exposition Maufra, cet adorable poète de la mer, à côté de celle de René Seyssaud, peintre vigoureux de la Provence, l'exposition Ten Cate réunit à la galerie Bernheim une quinzaine de toiles et un nombre à peu près double de pastels. Ten Cate aussi est paysagiste et l'influence que l'artiste semble avoir subie le plus directement, dans certaines œuvres au moins, est celle du délicieux petit maître Eugène Boudin. De même que lui, Ten Cate nous offre des vues de la côte normande des bords de la Seine, et aussi des paysages bretons ou hollandais. Voici sa *Plage du Hâvre*, comme Boudin en fit tant, avec les baigneurs, avec le petit personnage haut d'un pouce en veston noir et pantalon clair, campé de façon très juste et s'appuyant sur sa canne, avec les flâneuses assises en robes élégantes, avec la note blanche, rouge ou noire d'une ombrelle, mais c'est un Boudin plus délicat encore s'il se peut : il y a dans les colorations une douceur, une tendresse, une préciosité presque qui sont d'un charme infini et font de cette toile une petite merveille. Voici encore le *Marché à Honfleur*, une *Rue à Mouy*, d'allure plus indépendante, voici un *Paysage Hollandais* coupé par un canal, les vaches dans l'herbe verte et au loin la caractéristique silhouette d'un moulin à vent : voici surtout cette très belle *Vue de Dordrecht* sous la neige, derrière le canal endormi, avec au premier plan un groupe bien indiqué et le petit ton rouge vif d'un corsage, habituel et cher au peintre honfleurais.

Ces *Effets de neige*, Ten Cate semble les affectionner particulièrement. C'est là, ainsi que dans les *Effets de nuit*, et les paysages parisiens, que se montre sa vraie personnalité. Le pastelliste excelle à rendre la blancheur veloutée de la neige sur les branches nues des arbres et à jeter dans ces paysages argentés la double courbe noire des corbeaux envolés ; ailleurs le peintre montre Notre-Dame emmitouflée de ce grand manteau d'hermine, ou encore se contente d'un bec de gaz et de deux arbrisseaux maigres près d'un mur pour arriver à donner une impression parfaite de solitude et d'hiver, motif sommaire repris dans un des effets de nuit : une femme en gris qui longe un mur sombre, le bec de gaz seul jetant une lueur dans l'obscurité. Du *Pont-Neuf*, du *Kiosque*, du *Pont-Marie*, Ten Cate a su faire également le motif d'aspects de Paris très intéressants, mais de tous ceux-ci le plus attrayant peut-être pour la réalité de l'observation et le pittoresque discret, c'est cette *Route de Châtillon*, avec les enseignes et le charretier conduisant son tombereau, en donnant un coup de fouet d'un large geste saisi sur le vif, ravissant pastel qui fait à l'artiste avec sa si jolie *Plage du Hâvre* le plus grand honneur et qui permet d'espérer de Ten Cate une suite d'œuvres exquises pour l'avenir.

TRISTAN KLINGSOR.

Bibliographie

Jean Moréas : Les Stances (*Editions de La Plume*).

Il est trop rare d'avoir le plaisir de dire tout le bien qu'on pense d'une belle œuvre pour n'en pas profiter quand elle se présente deux fois comme cela vient d'avoir lieu, grâce à la publication des derniers livres de MM. Jean Moréas et Emile Verhaeren. On sait quel grand artiste est Jean Moréas, si différent et si délicieux dans les *Syrtes*, les *Cantilènes* et le *Pèlerin passionné*, tour à tour romantique ou roman, et toujours expert en le maniement des rythmes et des assonances. Or, connaisseur de tous les secrets du verbe et du vers, voici qu'il a laissé tout ce que ce côté avait d'un peu artificiel pour apparaître noblement sincère. Non qu'il soit tombé dans la banalité : loin de là, car son vers garde une pureté de ligne incomparable, et sa pensée reste d'une admirable beauté. Il semble qu'en ce descendant des Grecs, la tradition de Sophocle et celle de Racine se rejoignent : attendons son *Iphigénie*. Dès maintenant les *Stances* le placent au premier rang des poètes français, à la suite de Chénier et d'Alfred de Vigny : la *Vogue* a eu d'ailleurs la bonne fortune de publier quelques-unes de ces stances, mais il en faudrait citer d'autres :

Belle lune d'argent, j'aime à te voir briller
Sur les mâts inégaux d'un port plein de paresse,
Et je rêve bien mieux quand ton rayon caresse,
Dans un vieux parc, le marbre où je viens m'appuyer.

J'aime ton jeune éclat et les beautés fanées :
Tu me plais sur un lac, sur un sable argentin.
Et dans la vaste nuit de la plaine sans fin.
Et dans mon cher Paris, au bout des cheminées.

Est-il rien de plus parfait? Il faudrait tout citer. Espérons que les critiques myopes s'apercevront d'eux-mêmes qu'un grand poète est parmi nous, car Moréas ajoute à la beauté de son œuvre la noblesse de sa vie, et il n'est pas de ceux qui vont quêter les éloges. Espérons aussi que M. Claretie prendra l'initiative de monter *Iphigénie*, ce qui aurait le multiple avantage, d'ailleurs, de coûter peu, de valoir bien mieux que quelque *Martyre* et de réhabiliter un peu la scène qu'on appelle encore, on ne sait pour quelle raison, la *Comédie-Française*.

T. K.

Emile Verhaeren : Petites légendes (*Deman*).

Toutes les qualités du violent coloriste, du grand poète qu'est Emile Verhaeren, on les retrouve en ce livre. Il possède au plus haut degré l'art familier aux flamands d'évoquer les ripailles et les kermesses, et il le fait dans un vers de technique simple et heureuse, se contentant la plupart du temps de pieds de quatre syllabes, y mélangeant quelquefois l'ancien hémistiche de six syllabes.

> *Le petit homme s'en est allé*
> *Sarreau deteint, bâton pelé*
> *Le petit homme poussif et las*
> *S'en est allé, là-bas,*
> *Vers sa commère, en tapinois*
> *Vers sa commère qui l'appelle*
> *De la venelle*
> *Au bout du bois*

Il sait aussi rejeter au dernier vers de la strophe, pour isoler, le mot qu'il veut mettre en évidence :

> *Or, tandis qu'ils attendent*
> *Soudain là-bas, sur la digue d'Escaut*
> *Lance brillante et cimier haut*
> *Apparaît clair, dans la lumière*
> *Un cavalier.*

On voit combien la structure du vers libre de M. E. Verhaeren est peu complexe, et comment elle se rattache autant au vers de La Fontaine, compté encore par syllabes, qu'au vers moderne mesuré par l'accent. Mais ce n'est pas le lieu de rouvrir une discussion sur cette question du vers libre qui n'est pas encore élucidée que je sache, à cause sans doute de la confusion apportée dans les esprits par notre vieille habitude de compter syllabiquement. Le livre de M. Emile Verhaeren est dédié à Max Elskamp, cet autre écrivain exquis et il est édité par Deman, comme il convient à ces beaux poèmes, avec le soin qui manque si totalement aux marchands de livres parisiens. — T. K.

Jean Vignaud : L'Accueil (*P. Ollendorff*).

Un livre de bonté, de beauté et d'amour : tel l'*Accueil* de M. Jean Vignaud. Une grande douceur fraternelle y flotte au hasard des pays, répandant sur le livre comme une blanche bénédiction.

> Joie ineffable de donner, d'ouvrir la main,
> D'être le bon semeur qui jette le bon grain
> Sur la lande où le blé fleurit dans la lumière...

M. Vignaud est l'écouteur des grandes voix rustiques de la glèbe et des villages. La beauté profonde des travaux de la campagne a touché son cœur. Il vante les soins de la culture et de l'hospitalité. Ce sont là des poèmes d'altruiste. Le vers de Verlaine :

C'est la fête du blé, c'est la fête du pain...

servirait admirablement d'épigraphe à ce recueil. Depuis la *Chanson des hommes*, la *Beauté de vivre* et les *Quatre saisons*, nul n'avait célébré aussi bien la plénitude du bonheur dans la bonté, ni le charme du pardon dans la nature. Il y a bien des poèmes de ce livre qui sont des prières, Mais ce sont des prières d'une ferveur primitive et agreste assez semblables à celles que François, du haut de sa cité d'Assise, adressait aux plaines et aux fleurs, aux paysans et aux oiseaux. Et c'est comme cela qu'il faut les comprendre ; c'est comme cela aussi qu'il faut les aimer.

E. P.

A. Gilbert de Voisins : La Petite Angoisse (*Mercure de France*.

Voici une histoire de jeunes hommes racontée par l'un d'entre eux, non le moins littéraire et le moins délicat. M. A. Gilbert de Voisins, avec une sûreté psychologique et un style d'une jolie nuance nous a, ma foi, fort joliment narré les étapes sentimentales d'adolescents. Deux d'entre eux, Villaines et Renys vivent parallèlement ; en amour, en art, en études ; dans la vie ils se trouvent avoir la même femme, les mêmes goûts, le même destin, les mêmes peines futiles et profondes. Ce sont de grands enfants sensibles et qui, finalement, deviendront des hommes sérieux, très peu raisonneurs, très peu factices, sincères comme deux pauvres bougres. Et c'est justement ce qui m'a plu.

Ils sont si rares les romans où les héros, après avoir caboliné pendant 300 pages, finissent par nous avouer qu'ils n'ont pas eu d'autre but que celui de se donner à eux-mêmes la comédie du cœur. M. de Voisins, après ce bon début, est tout à fait capable d'étendre à d'autre *cas* les ressources de son talent. Après cette *Petite Angoisse* aux instants délicieux, il ne peut plus nous présenter qu'une *Jolie Personne* tout à fait avenante.

William Théodore Peters : Arrière-pensées *(Clarke et Cie)*

Dans cette forme charmante et surannée de petites phrases détachées, M. W. T. Peters a ciselé des pensées piquantes et gracieuses, que l'excellent écrivain, J, Joseph Renaud a présenté comme il fallait : « Ce rare poète, dit-il, joint à la sentimentalité consanguine américaine un esprit parisien, voire montmartrois, et sent aussi —

surtout — son affection pour ce merveilleux xviii⁰ siècle, le siècle des saxes et des miniatures, de toutes les futilités indispensables, et qui disait si bien ces riens qui sont tout. » En voici quelques unes : « Il est si laid que le bon Dieu l'a fait *de chic*. — L'amour est le rêve dont nous tâchons de nous souvenir quand nous sommes réveillés. — En Angleterre les couturières sont tailleurs, tandis qu'en France les tailleurs sont couturières ».

V.

Maurice des Ombiaux : Maison d'Or *(Ollendorff)*.

M. Maurice des Ombiaux, dont le nom appartient à la récente littérature belge, ne nous a pas donné cette fois une de ces pages fleuries de passion et débordantes de vie comme il excelle à en écrire souvent et comme le *Coq Rouge*, cette vaillante revue d'un art si indépendant, nous en offrit jadis d'admirables.

Cette fois M. des Ombiaux a tenu à tracer, toute en fresque, la vie chétive et ordinaire d'une famille modeste et provinciale. Petites joies, petites peines, petits bonheurs grands chagrins sont analysés dans la *Maison d'Or* avec cet art de demi-nuance et de demi mystère qui fait de son œuvre comme une fenêtre ouverte au-delà des toiles pénétrantes, mystérieuses et fluides de Carrière et de Whistler.

A peine pourrait-on reprocher l'excès du genre, qui, de temps à autre atteint à la monotonie. Après l'*Histoire mirifique de Saint-Dodon, Maison d'Or* apparaît dans l'œuvre de M. des Ombiaux, comme une page de méditation et de recueillement : il importe de a lire.

E. PILON

Une Lettre de M. Barrès.

Dans un article ici paru sur Henry Bérenger, j'avais dit que *les Déracinés* « étaient postérieurs à *la Proie*, que le mot et la définition du mot se trouvaient dans *la Proie*, et que le discours à Châtaubriand avait précédé le discours à Napoléon. » Je reçus à ce propos la lettre suivante de M. Barrès :

« J'ai sous les yeux un intéressant article de vous sur lequel vous me permettrez de vous communiquer une observation. Je souscris à tout le bien que vous dites de Bérenger, Mais *les Déracinés* ont commencé le 15 mai 1897 dans *la Revue de Paris* qui les avait annoncés à l'avance (et moi-même j'ai entrepris de les écrire en janvier 1894). *La Proie*, si je ne me trompe, a paru pour la première fois devant le public en juillet 1897. Je m'explique dès lors votre erreur; c'est que mon roman n'a paru en librairie qu'à la fin de 1897 ou même en janvier 1898.

« Je n'ai pas un seul instant la pensée de tirer de ce fait une conclusion de subalternité pour l'une ou pour l'autre œuvre. J'estime infiniment Bérenger. Je vous laisse le soin de revenir de votre erreur de la manière que vous jugerez bonne et seulement si vous le croyez convenable.

« Veuillez recevoir, mon cher confrère, l'expression de mes sentiments très distingués.

« MAURICE BARRÈS. »

Evidemment cette lettre demandaient rectification. Alors, dans le Sahara Algérien, ce me fut impossible. Rentré à Alger, je fis les recherches nécessaires: *la Proie* a paru en volume le 5 mai 1897, et avait été publiée dans *la Revue Hebdomadaire* après annonces. Bérenger en avait conçu le plan en 1894, et s'en était entretenu en 1895 avec M. Schuré. Je donne ces renseignements pour information complète, et pour affirmer que l'œuvre de Bérenger au moins n'est pas postérieure.

MARIUS-ARY LEBLOND.

Dans nos prochains numéros, M. Philéas Lebesque parlera de *la Culture des idées*, de Remy de Gourmont; M. Henry Degron, des *Poèmes*, de Louis Payen, de *M. Bonnet*, de M. de Faramond; M. A. Boissière, de *la Prisonnière*, d'E. Morel, de *Messaline*, d'A. Jarry, de *Bubu de Montparnasse*, de C.-Louis Philippe; M. F.-T. Marinetti, de *l'Estétique de la Rue*, de G. Kahn, etc.

TABLE

DU NEUVIÈME TOME

Primes à nos Abonnés

1° **PARISIENNE**, haut-relief du sculpteur **Hans St-Lerche**.

2° **LA DANSE**, éventail lithographié sur étoffe, par **Henry Detouche**.

Ces primes seront envoyées à tous ceux de nos lecteurs qui nous adresserons *directement* avec le montant de leur abonnement, 1 fr. 85 pour la France, 2 fr. 10 pour l'Etranger, pour recevoir le haut-relief la *Parisienne*, et 1 fr. 25 pour la France et 1 fr. 75 pour l'Etranger, pour recevoir l'éventail la *Danse*.

Abonnements :

Edition ordinaire : France, un an   6 fr. — Etranger, un an   8 fr
Edition sur vélin : France, un an   9 fr. — Etranger,   »   11 fr.

BULLETIN D'ABONNEMENT

M............................ demeurant à............................

rue............................ n°............ déclare prendre un abonnement

d'un an à **La Vogue**, à partir du............................ 19............ édition

ordinaire (*) *vélin*, dont il envoie ci-joint par mandat-poste (*),

dont il s'engage à payer contre quittance présentée par la poste,

le montant, soit   F^{rs} C^{mes} augmenté de   F^{rs} C^{mes}

pour l'envoi de la prime : Parisienne (*) *La Danse*.

A............................ le............................ 190............,

(Signature)

(*) Barrer la partie en caractères romains, ou celle en italiques.

Détacher ce bulletin et l'adresser à M. le Secrétaire de LA VOGUE à Paris, 16, rue Taitbout (IXe Arrond^t)

Extraits des Sommaires de la Vogue

Études littéraires et artistiques, etc.

Henry Bataille : *Robert de Montesquiou.* — **L. B. Hanappier** : *La méthode indirecte au théâtre.* — **Philéas Lebesgue** : *La Réforme de l'orthographe.* — **F. T. Marinetti** : *Les Funérailles de Verdi.* — **Camille Mauclair** : *Souvenirs sur Ernest Chausson.* — **M. Poinsot et G. Normandy** : *Les Limites de la Décentralisation.* — **Stuart Merrill** : *L'art décoratif en Angleterre et en France.* — **Félix Régamey** : *Art public et art intime.* — **Camille de Sainte-Croix** : *La liberté de l'Art.* — **Roger le Brun** : *Anatole France.*

Nouvelles, Contes, Théâtre, Fantaisie, etc.

L. Capuana : *La Crèche.* — **Louis Codet** : *Le Caporal Bouteille.* — **Louis Couperus** : *Une petite âme.* — **Francis de Croisset** : *Qui trop embrasse.* — **Eugène Demolder** : *Le globe terrestre de M. Cheunus.* — **Salvatore di Giacomo** : *Sofia Nappi.* — **Tristan Klingsor** : *La Jalousie du Vizir.* — **Gabriel de Lautrec** : *Monsieur Ciboire, aubergiste.* — **Georges Lecomte** : *Le Laocoon.* — **Camille Lemonnier** : *Au Cœur frais de la Forêt.* — **Franc-Nohain** : *Les Vacances de Valentine.* — **A. Mortier** : *L'Inconnue.* — **Emile Pouvillon** : *Propos de Halte.* — **Henri de Régnier** : *Tiburce.* — **Robert Scheffer** : *Le Démon.* — **Robert-Louis Stevenson** : *Will du Moulin.* — **Anton Tchekhov** : *La chose contraire à la loi* — **Pierre Veber** : *Le Sourire de la Joconde.*

Histoire, Archéologie, Voyages.

René Brochot : *Les Sociétés secrètes de l'armée.* — **Louis Codet** : *Barcelone.* — **Henry Detouche** : *Nuremberg.* — **Jean Dolent** : *Un voyage en Hollande.* — **Pierre d'Espagnat** : *Esquisses Américaines.* — **Paul et Victor Margueritte** : *Pise la brune.* — **Edmond Pilon** : *Le Salon de Mme Geoffrin.* — **Jean Psichari** : *L'Ile de Chio.* — **André Ruyters** : *Constantinople.*

Variétés.

Roger le Brun : *Les coulisses de la Tauromachie.* — **Henri Degron** : *Le Braconnier.* — **R. Fleury** : *L'Art des Parfums.* — **Tristan Klingsor** : *Les Mœurs d'autrefois à Naples.* — **Léopold Lacour** : *Le féminisme d'Olympe de Gouges.* — **M. A. Leblond** : *La Bicyclette et les mœurs.* — **Jean Lorrain** : *Arlequins.* — **Maurice Maeterlinck** : *Sur la Justice.* — **F. T. Marinetti** : *L'Exposition de Venise.* — **Franc-Nohain** : *La Mode et les Sports.* — **Thomas de Quincey** : *Les derniers jours de Kant.* — **Félicien Rops** : *Lettres à une femme.* — **Jean Viollis** : *Une nouvelle éducation sentimentale.*

Poèmes de MM.

Léopold Dauphin, Henri Degron, Léonce Depont, Fernand Gregh, Francis Jammes, Gustave Kahn, Tristan Klingsor, F. T. Marinetti, Stuart Merrill, Robert de Montesquiou-Fezensac, Eugène Morand, Jean Moréas, Alfred Mortier, Adolphe Retté, E. Sansot-Orland, Emile Verhaeren.

La VOGUE publiera prochainement

LA FIN DE ROBINSON CRUSOÉ

PAR

ANDRÉ RUYTERS

LA POTINIÈRE

Les Revues.

Lire dans la *Revue Blanche* les Spéculations d'Alfred Jarry ; dans la *Revue Franco-Allemande* un beau poème de F. T. Marinetti, *Le Plongeon* ; dans la *Plume* des vers du Comte Robert de Montesquiou et de Paul Roinard, dans *Hémicycle* des pages signées Stuart Merrill, R. Boylesve, etc. ; dans la *Revue Naturiste* les essais de MM. Le Blond et Eugène Montfort. La *Revue Universelle* publie un article de H. Gautier-Villars sur Verdi ; la *Nouvelle Revue* Malbos, la comédie d'Henry Fèvre, et la *Revue d'Art dramatique* prend place au premier rang des revues françaises, sous l'habile direction de notre excellent confrère Eugène Morel.

Les Expositions.

Chez Durand Ruel. Exposition Maufra.

Chez Bernheim : Expositions René Seyssaud et Ten Cate.

Chez Hessèle : Expositions Braquaval, Besson, Marquet, etc.

Les Concerts.

Le mois de Mars à la *Schola Cantorum* comporte trois séances de musique française des XVIIᵉ et XVIIIᵉ siècles qui compteront parmi les plus importants concerts de l'année et sur lesquels nous reviendrons. Les autres séances sont consacrées à l'*Histoire de la Sonate de Violoncelle* par M. Dressen, à l'*Histoire du Trio* par le trio Chaigneau, aux *Quatuors* de Beethoven par le Quator Parent : Mercredi 13, 20 et 27 Séances Chaigneau ; Vendredis 15 et 29, Quatuor Parent ; Jeudi 21, 3ᵉ Séance de musique française avec le 5ᵉ acte d'*Armide*, de Glück.

A la Salle des Fêtes du *Journal* Mme Marie Mockel continue son intéressante série de musique vocale ; les dernières séances ont été consacrées a Schubert et Schumann ; aux matinées Berny à la Bodinière, ont eu lieu des auditions d'œuvres de MM. A. Sauvrezis et A. Bisetzka.

Au *Divan Japonais* : Succès de « Miss Kissny », opérette à grand spectacle de MM. Lebreton et H. Moreau ; Marguerite Favard, Amond, Elise Pujet, les joyeux Stany, Angèle Lescot, la petite Germaine, Syriaque le célèbre ventriloque, etc.

Bullier.

C'est à « Bullier », joyeux bal du quartier latin, que l'on se donne de préférence rendez-vous pour passer gaiement ses soirées, les Jeudis, Samedis et Dimanches

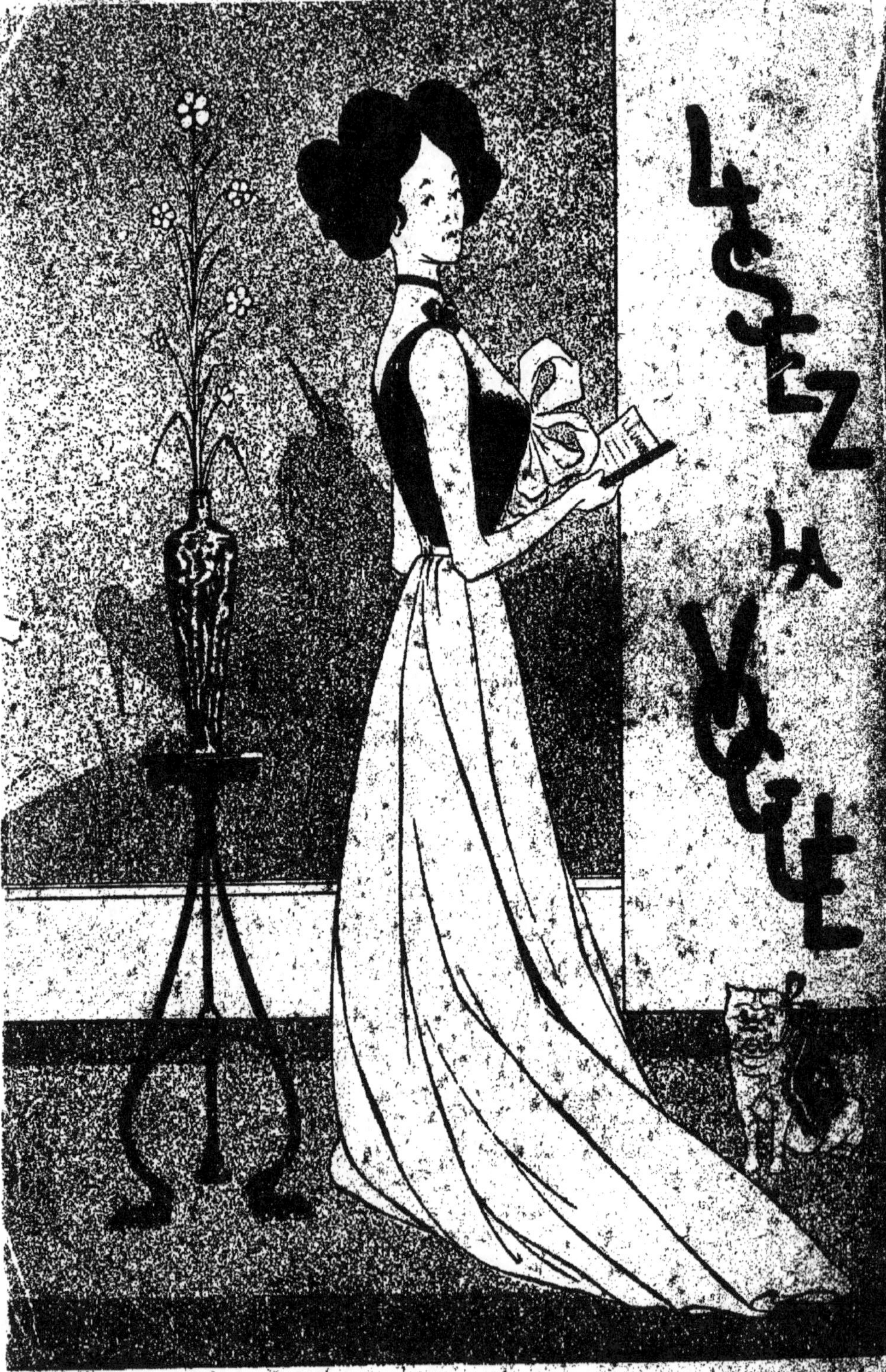

Imprimerie de Neuilly (Seine). ROCHE. Le Gérant : P...